Seite	Inhalt
	2	So geht es
	4	Wiederholung 1
	6	Wiederholung 2
Flächen und Körper	8	Baupläne von Würfelgebäuden 1
	10	Baupläne von Würfelgebäuden 2
	12	Würfel im Quader entdecken
	14	Würfelnetze 1
	16	Würfelnetze 2
	18	Körpernetze
Ansichten und Kippfolgen	20	Ansichten zuordnen 1
	22	Ansichten zuordnen 2
	24	Ansichten von Würfelgebäuden
	26	Kippfolgen von Würfeln
Geraden, Strecken, rechter Winkel	28	Geraden zeichnen
	30	Parallele Geraden finden
	32	Strecken messen und zeichnen
	34	Rechte Winkel finden
Flächeninhalt	36	Flächen in Teilflächen zerlegen
	38	Teilflächen am Geobrett
	40	Flächeninhalt bestimmen 1
	42	Flächeninhalt bestimmen 2
Muster	44	Parkettmuster ergänzen
	46	Muster vervollständigen
Symmetrie	48	Spiegelbildlich ergänzen
Maßstab*	50	Maßstäbe* finden – Vergrößern*
	52	Maßstäbe* finden – Verkleinern
Anhang	54	Urkunde zum Geometrie-Profi
	55	Bastelvorlagen: Würfel, Quader, Pyramide, Kegel, Zylinder

* In der Schweiz: Massstab/Massstäbe, Vergrössern

So übst du mit diesem Heft:

Lies zuerst allein oder mit jemandem zusammen diese beiden Seiten.
Dann kann deine Geometrie-Übung starten!

- Löse die Aufgaben auf der Doppelseite. Frage jemanden, wenn du etwas nicht verstehst.

- In den Merkkästen findest du wichtige Infos. Diese solltest du dir einprägen.

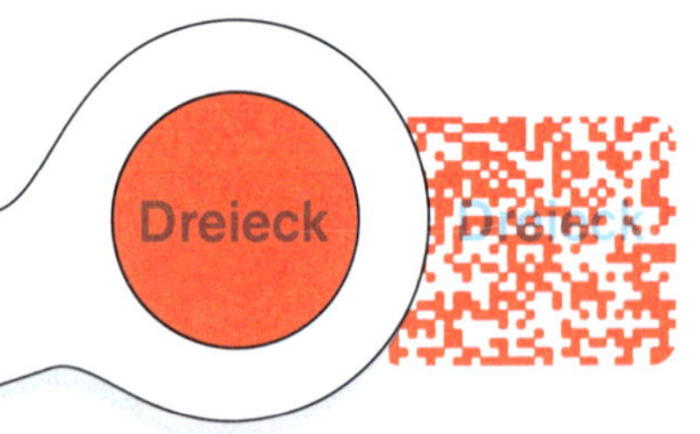

- Deine Lösungen kannst du mit der Lupe überprüfen. Fahre dazu mit der Lupe über das rote Feld. Berichtige deine Antwort, wenn nötig.

- Bei 7 Seiten darfst du einen Lösungs-Sticker einkleben. Du entdeckst sicher schnell, welche Aufgaben das betrifft!

Symbolerklärung:

 Zusatzaufgabe

 Bearbeite oder vergleiche die Aufgabe mit einem Partner oder einer Partnerin.

 Nutze für die Aufgaben ein Lineal.

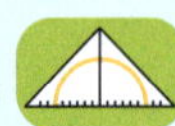 Nutze für die Aufgaben ein Geodreieck.

- Mit den Sternchen-Aufgaben kannst du zusätzlich üben und Geometrie erforschen. Hier ist nur ein Mal die Lösung angegeben. Sonst ist keine Lösung nötig. Du kannst natürlich trotzdem mit jemandem über die Aufgaben sprechen und dein Ergebnis vergleichen.

- Am Ende des Heftes findest du Bastelvorlagen für die geometrischen Körper. Du findest im Heft einen Hinweis, wann du am besten bastelst.

- Beurteile nach jeder Doppelseite deine Leistung. Klebe einen Mathe-Maus-Sticker entsprechend auf.

- Wenn du alle Seiten gelöst hast, bist du ein Geometrie-Profi!
Du erhältst eine Urkunde → Seite 54.

Wiederholung 1

1 | Ordne den Flächen die Begriffe zu.

Dreieck Quadrat Rechteck Kreis

2 | Ordne den Körpern die Begriffe zu.

Würfel Pyramide Kegel Zylinder Kugel Quader

Welche geometrischen Körper sind hier versteckt?
Schreibe auf.

Lösungen

1|

2|

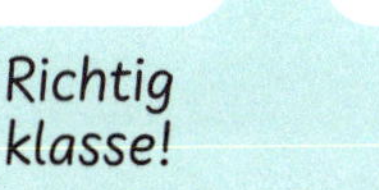

Richtig klasse! | Gut! | Könnte besser sein!

Wiederholung 2

1| Wie viele Ecken und Kanten haben die Flächen? Trage ein.

	Name der Fläche	Anzahl der Ecken	Anzahl der Kanten

2| Wie viele Ecken, Kanten und Flächen haben die Körper? Trage ein.

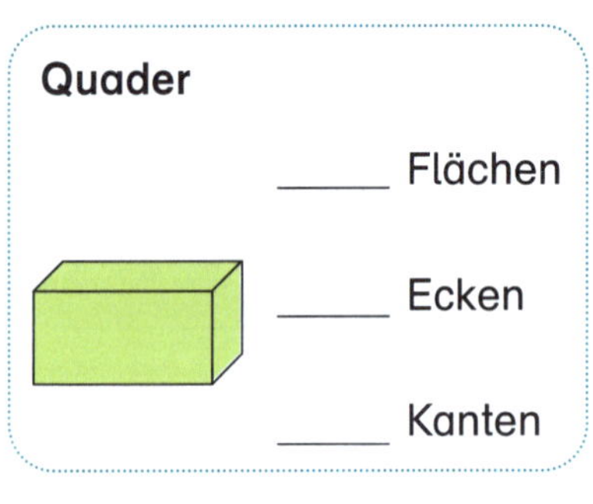

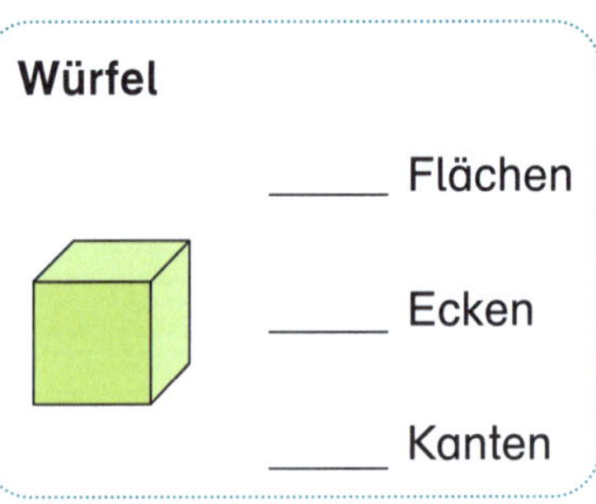

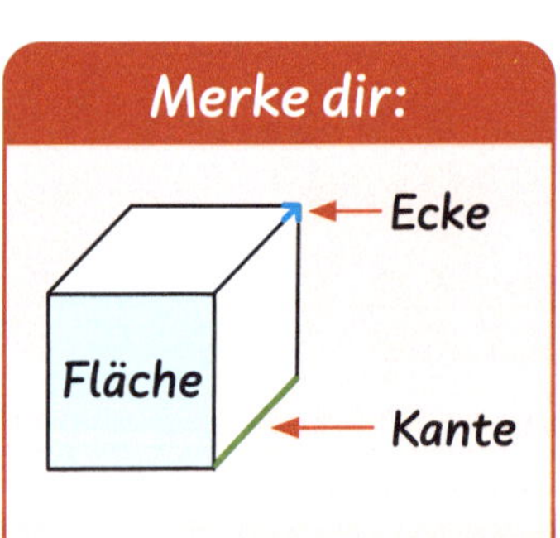

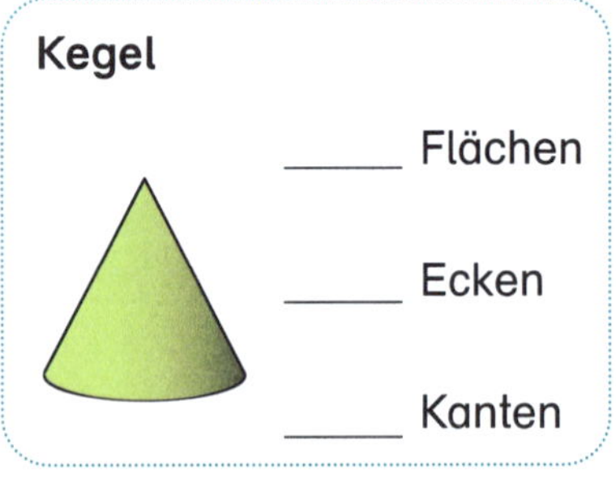

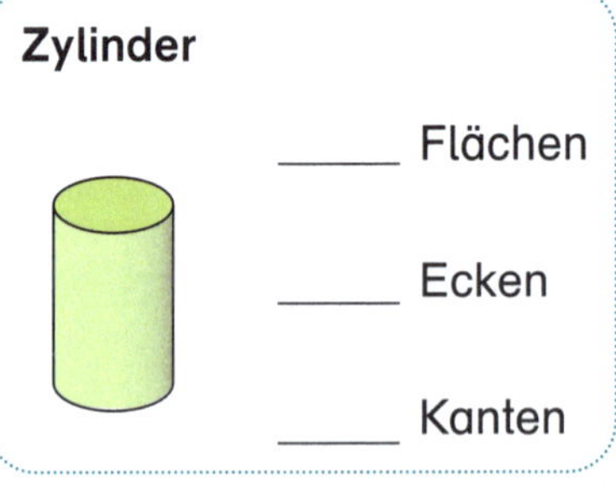

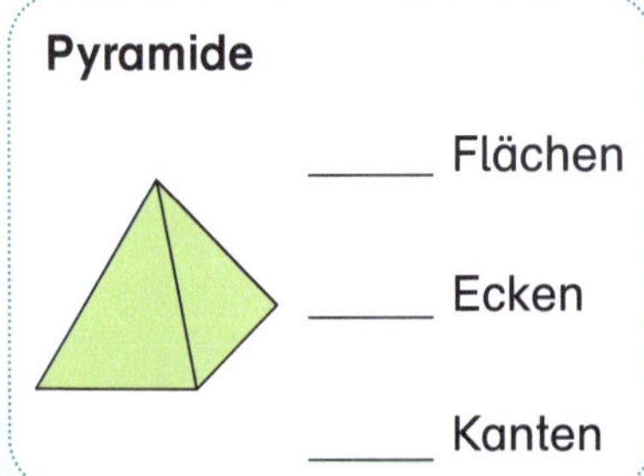

Zeichne mit diesen Bausteinen verschiedene Flächen.
Bastle dann Körper. Ab Seite 55 findest du die Vorlagen.

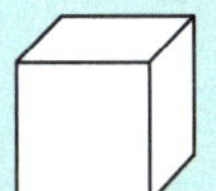 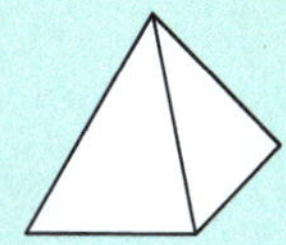 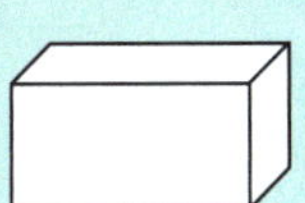 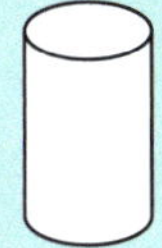 

Lösungen

1 |

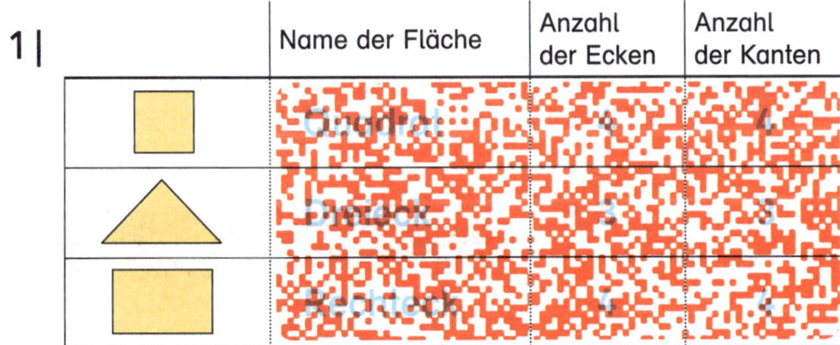

	Name der Fläche	Anzahl der Ecken	Anzahl der Kanten

2 |

Richtig klasse! *Gut!* *Könnte besser sein!*

Baupläne von Würfelgebäuden 1

1 | Welches Würfelgebäude passt zum Bauplan? Ordne zu.

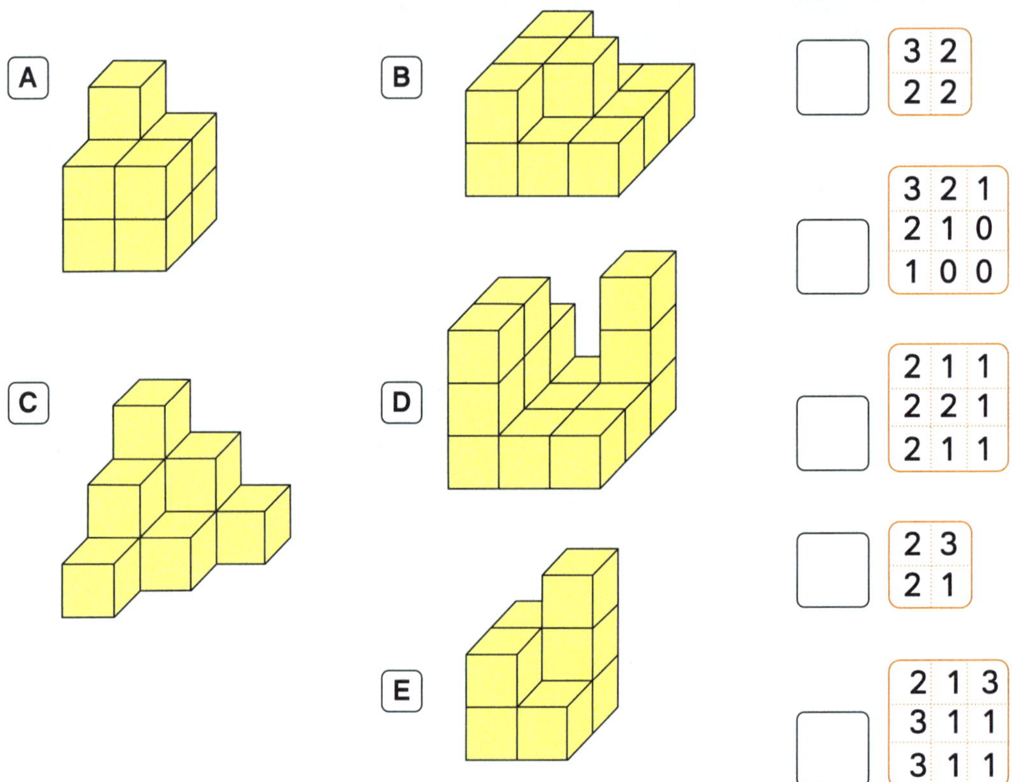

2 | Wie viele Würfelbausteine benötigst du, um die Würfelgebäude aus Aufgabe 1 zu bauen? Schreibe auf.

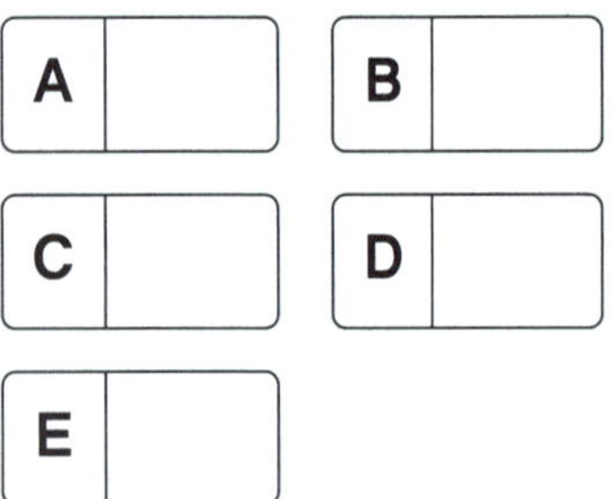

Merke dir:

Der Bauplan zeigt, wie viele Würfel übereinander liegen.

Baue die Würfelgebäude aus Aufgabe 1 mit Würfelbausteinen nach.
Baue danach die Würfelgebäude zu diesen Bauplänen.
Du brauchst maximal 15 Würfelbausteine.

3	2
3	2

5	4
3	2

1	1	1	1
4	3	2	2

1	1	1
2	3	2
1	1	1

2	2	2
1	1	1
1	1	1

2	4	3
2	1	0
3	0	0

5	5	1	1
3	0	0	0

3	1	3
1	1	1
1	1	1

0	2	2
2	3	2
2	2	0

Lösungen

1| 

2| 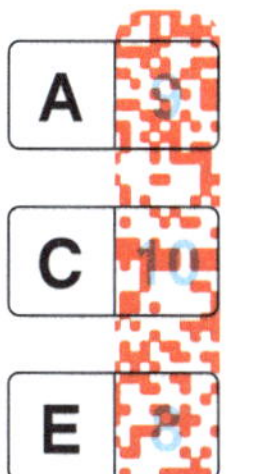

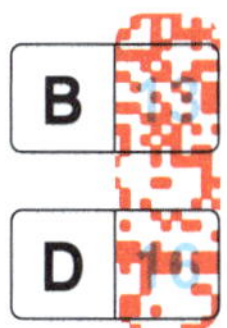

Richtig klasse! | Gut! | Könnte besser sein!

Baupläne von Würfelgebäuden 2

1 | Schreibe die Baupläne zu den Würfelgebäuden auf.

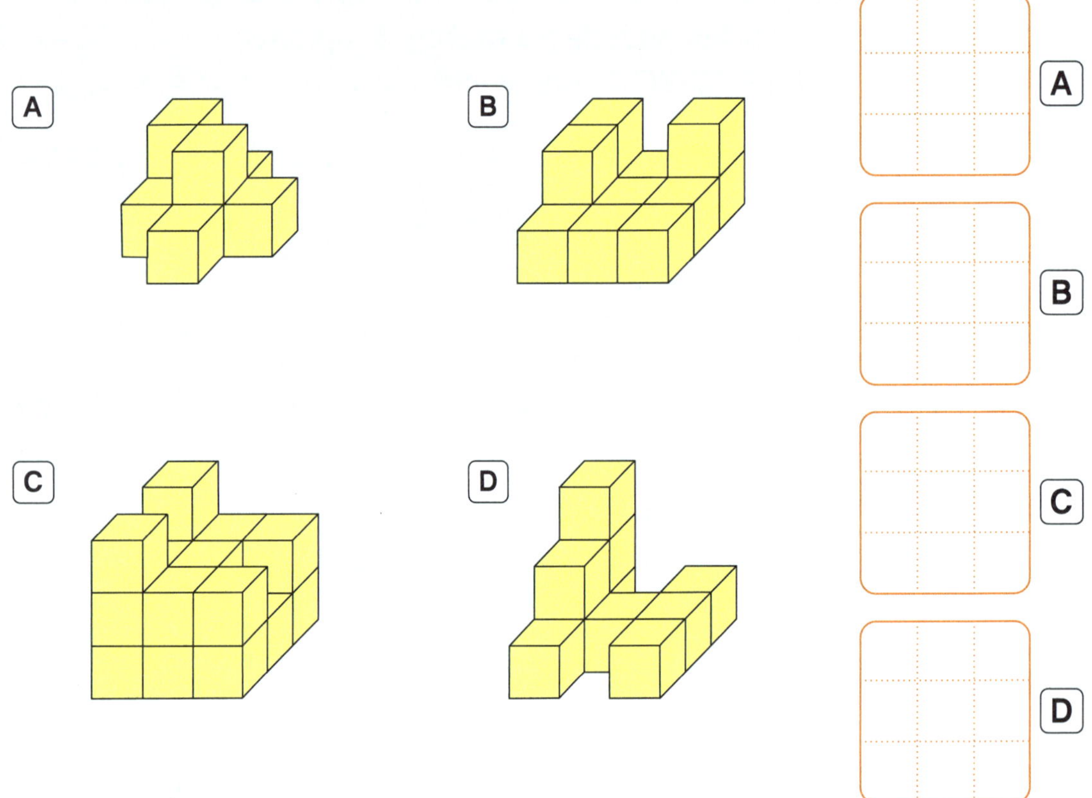

2 | Wie viele Bausteine wurden in den Etagen verbaut?
Zähle nach und ergänze die Tabelle.

Anzahl der Bausteine	A	B	C	D
in der oberen Etage				
in der mittleren Etage	–	–		
in der unteren Etage				

Merke dir:

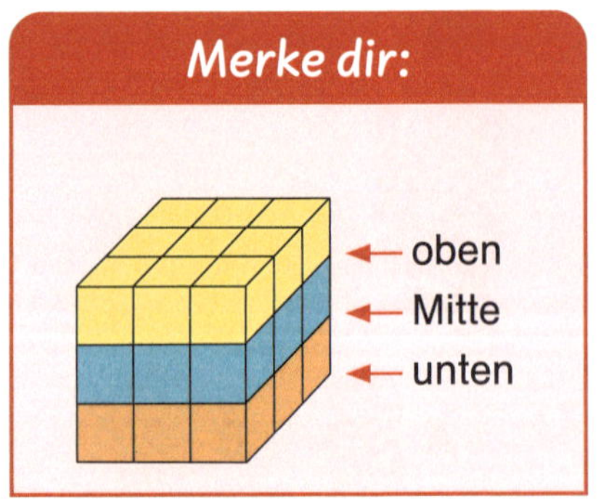

Schreibe verschiedene Baupläne auf. Lasse einen Partner oder eine Partnerin die passenden Würfelgebäude bauen.

Lösungen

1| A  B  C  D 

2|

Anzahl der Bausteine	A	B	C	D
in oberer Etage	[illegible]	[illegible]	[illegible]	[illegible]
in mittlerer Etage	—	—	[illegible]	[illegible]
in unterer Etage	[illegible]	[illegible]	[illegible]	[illegible]

Richtig klasse! Gut! Könnte besser sein!

Würfel im Quader entdecken

1| Wie viele Würfel sind im Quader enthalten? Schreibe auf.

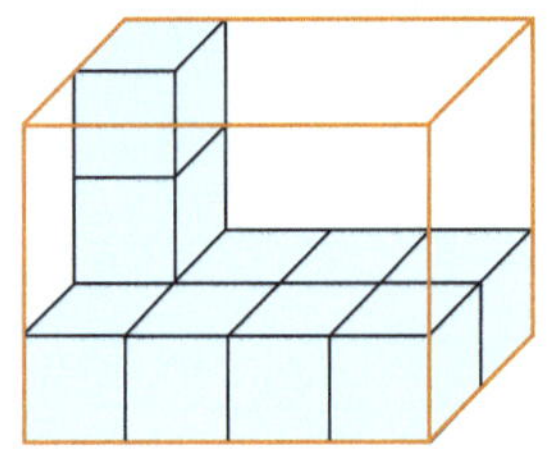

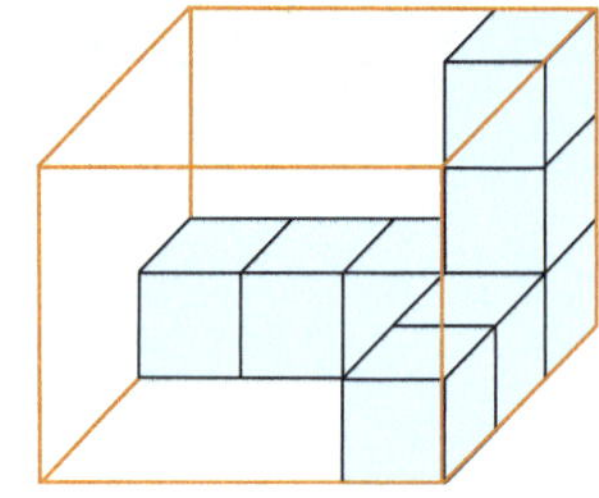

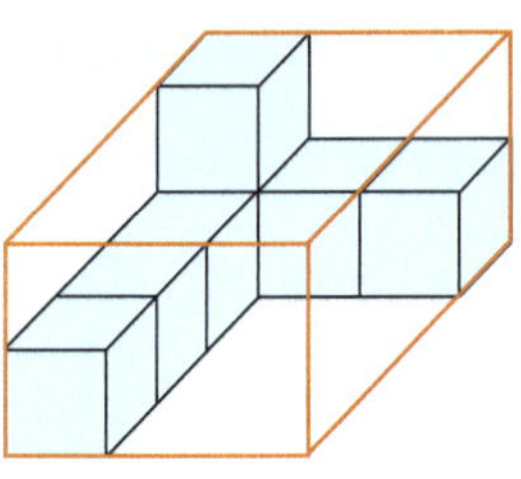

______ Würfel ______ Würfel ______ Würfel

2| Wie viele Würfel sind es? Ergänze die Tabelle.
Du kannst deinen Rechenweg ins Heft schreiben.

A
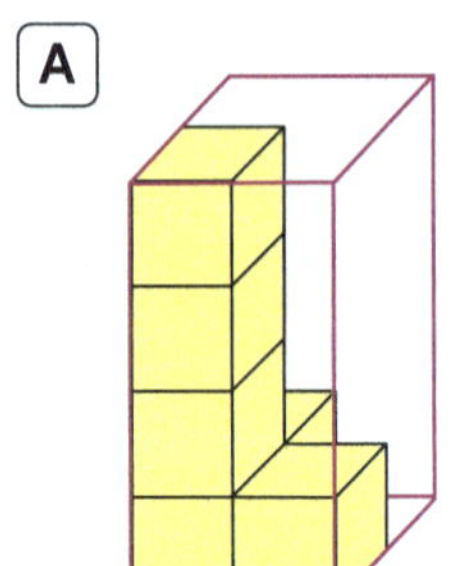

B
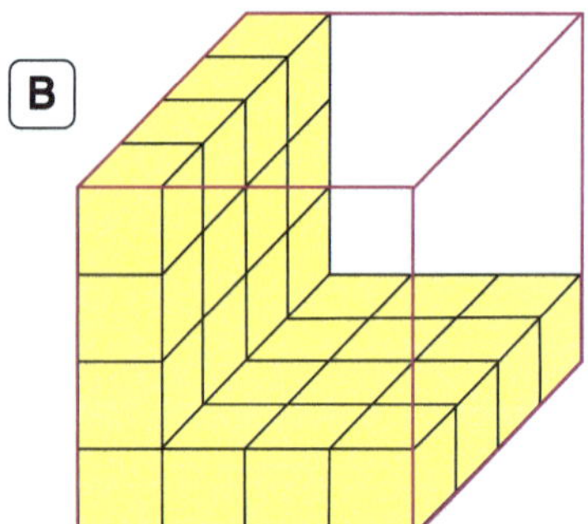

C
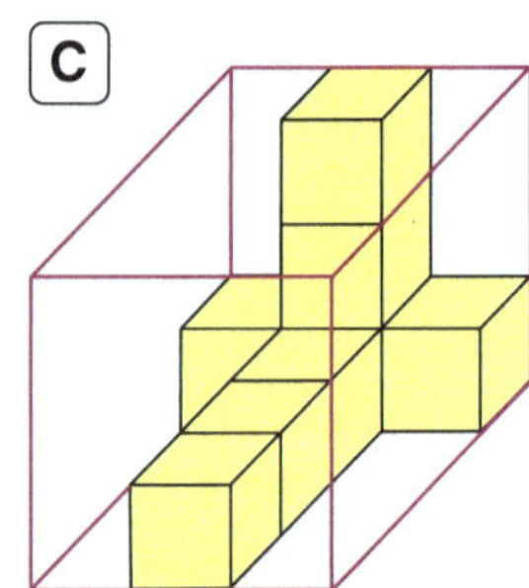

	A	B	C
Wie viele Würfel sind im Quader?			
Wie viele Würfel fehlen noch, bis der Quader vollständig gefüllt ist?			
Wie viele Würfel passen insgesamt hinein?			

Baue die Quader aus Aufgabe 1 mit Würfelbausteinen nach.
Die Quader sollen komplett gefüllt sein.
Wie viele Bausteine brauchst du jeweils?

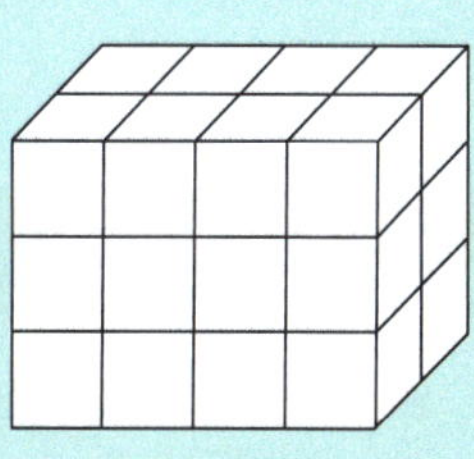

______ Würfel

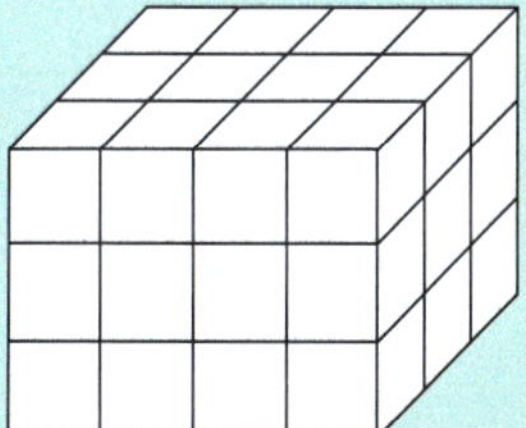

______ Würfel

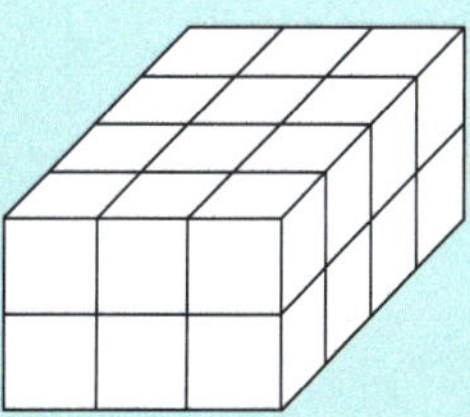

______ Würfel

Lösungen

1 | 10 Würfel; 8 Würfel; 7 Würfel

2 |

	A	B	C
Wie viele Würfel sind im Quader?	6	28	8
Wie viele Würfel fehlen noch, bis der Quader vollständig gefüllt ist?	10	36	28
Wie viele Würfel passen insgesamt hinein?	16	64	36

24 Würfel; 36 Würfel; 24 Würfel

Würfelnetze 1

1 | Aus welchen Netzen lässt sich ein Würfel falten? Kreuze an.
Du kannst auch einen Spielwürfel zur Hilfe nehmen und abrollen.

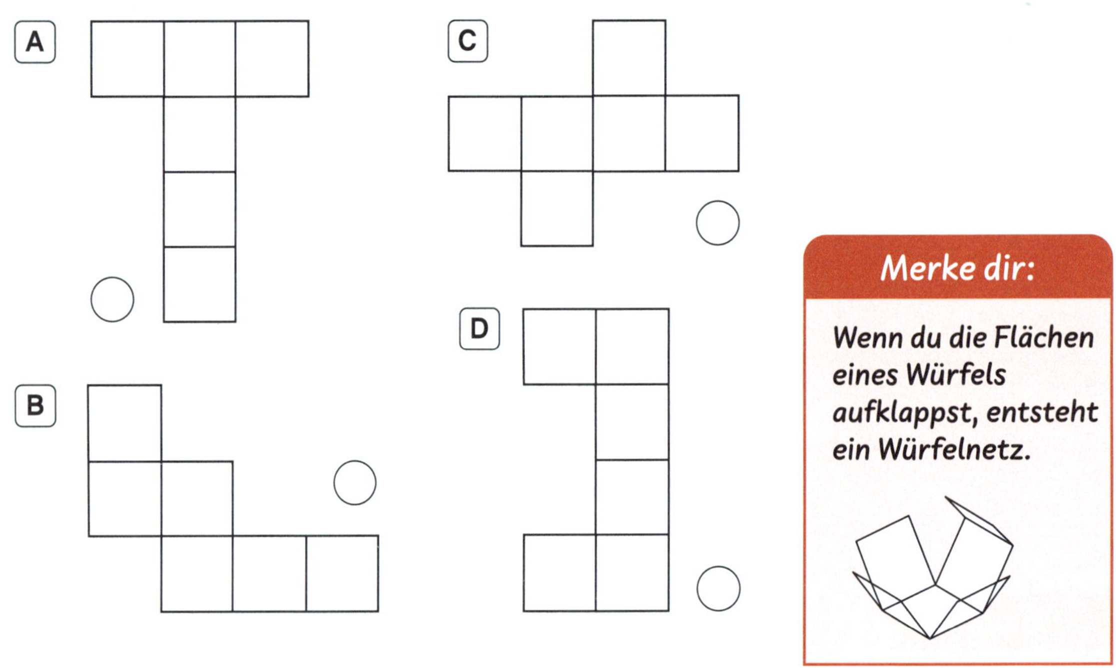

Merke dir:

Wenn du die Flächen eines Würfels aufklappst, entsteht ein Würfelnetz.

2 | Welcher Würfel passt zum Netz? Kreuze an.

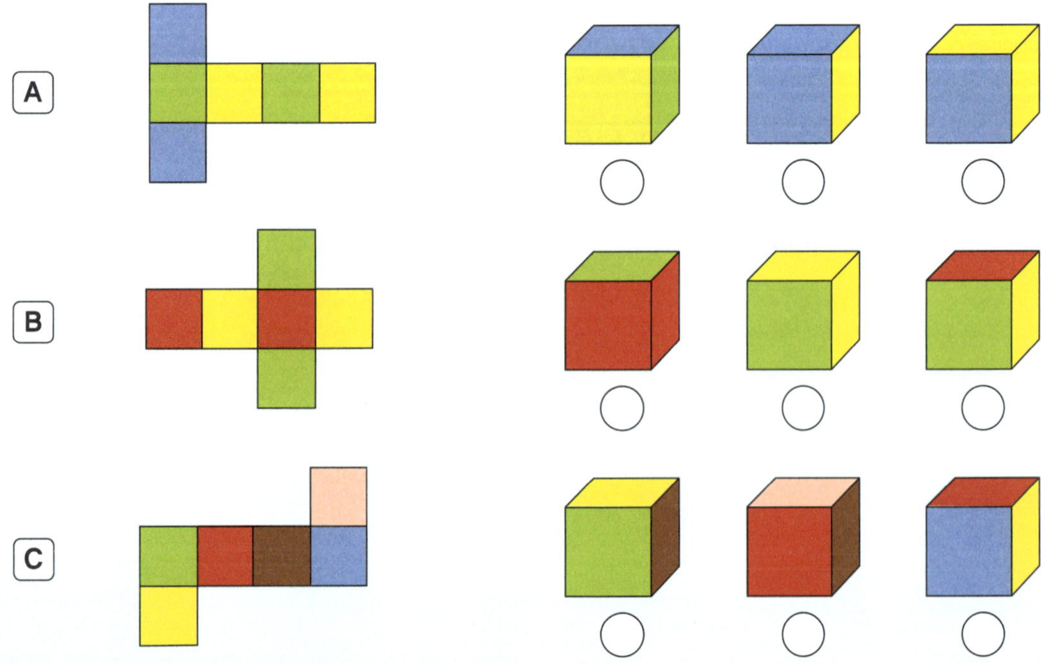

Zeichne Quadrate so an, dass ein Würfelnetz entsteht.
Finde verschiedene Lösungen.

Lösungen

1| 

2| A|  B|  C| 

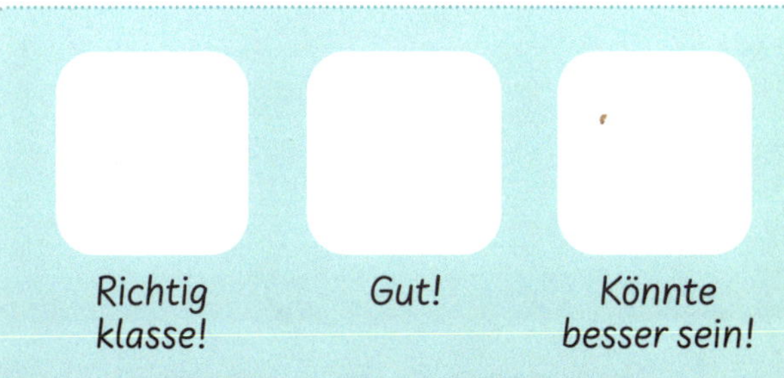

Würfelnetze 2

1| Schaue dir einen Würfel genau an.
Welche Augenzahlen liegen gegenüber? Ergänze die Sätze.

A Gegenüber der 1 liegt die ______________.

B Gegenüber der 2 liegt die ______________.

C Gegenüber der 3 liegt die ______________.

D Gegenüber der 4 liegt die ______________.

E Gegenüber der 5 liegt die ______________.

F Gegenüber der 6 liegt die ______________

2| Ergänze auf den Würfelnetzen die fehlenden Augenzahlen.
Du kannst dafür auch einen Würfel zur Hilfe nehmen.

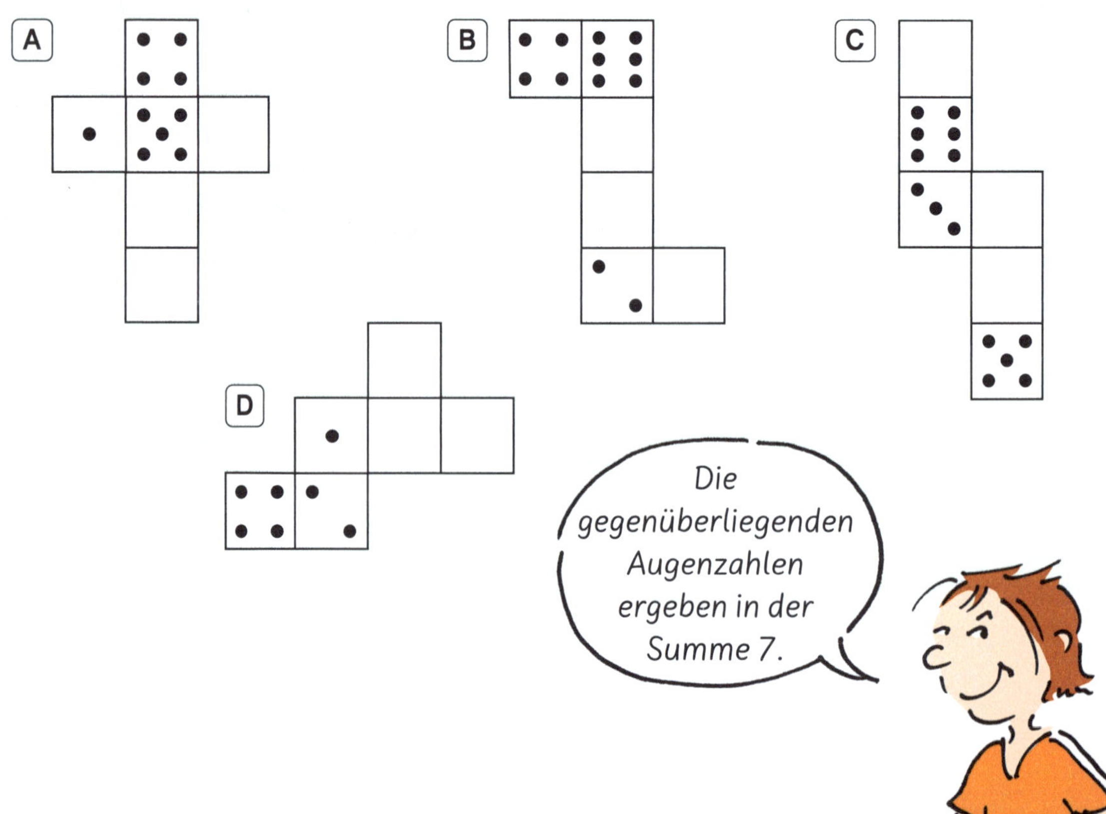

Trage passende Augenzahlen ein.
Kontrolliere mit einem Partner oder einer Partnerin.

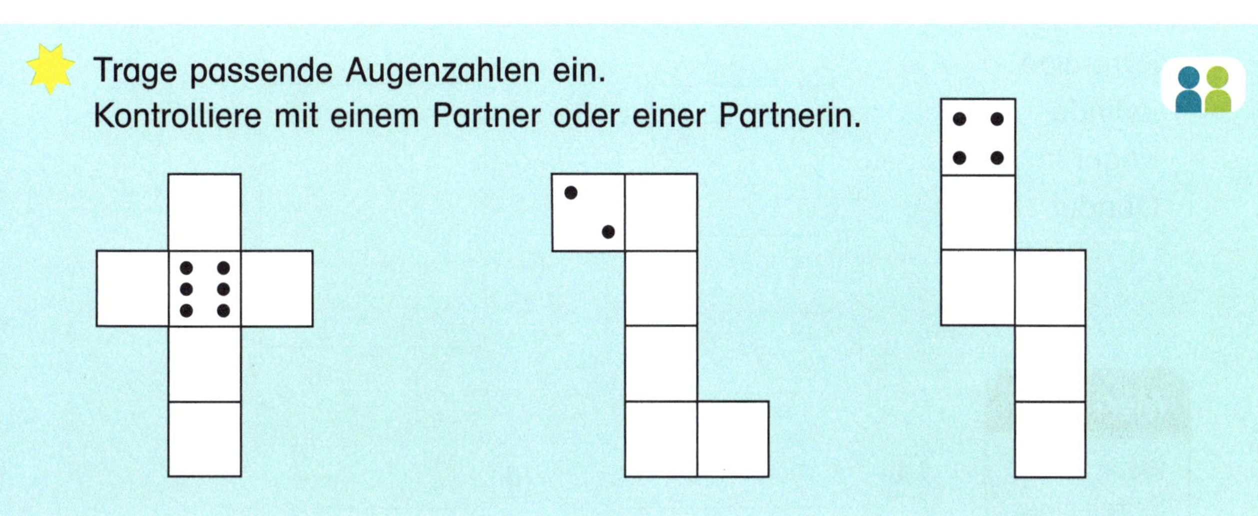

Lösungen

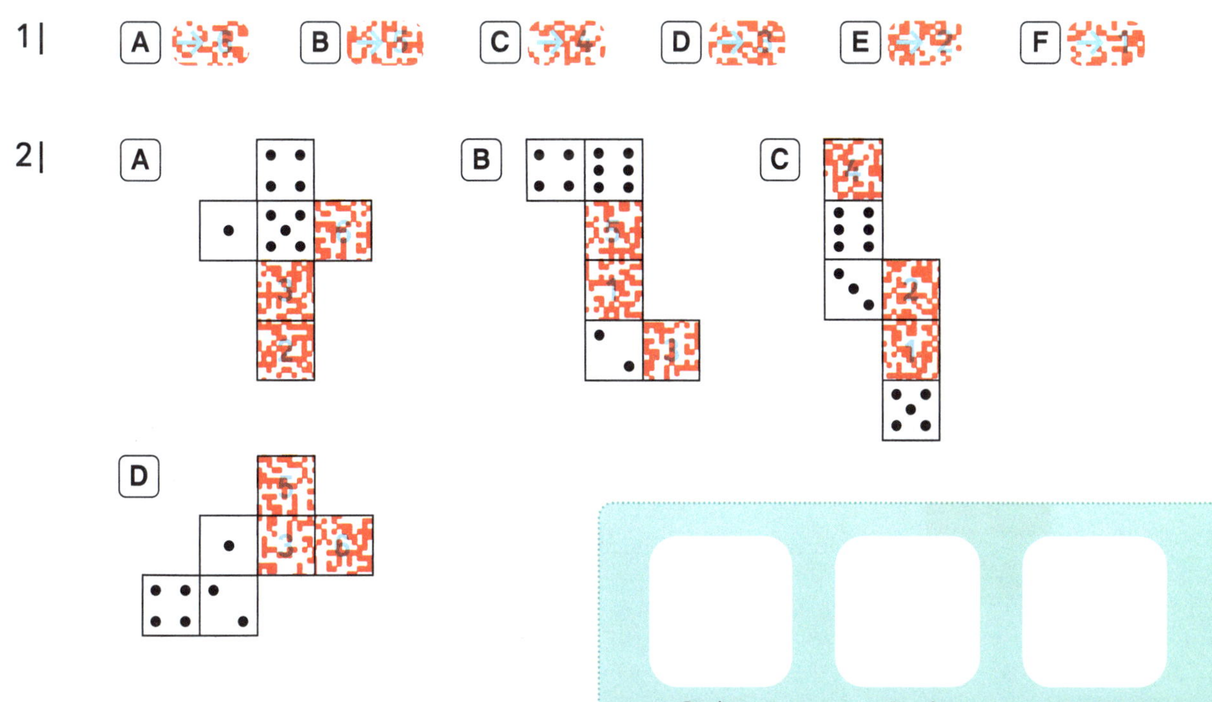

Körpernetze

1| Zu welchen Körpern gehören die Körpernetze? Ordne zu.

Pyramide
Zylinder
Kegel
Quader

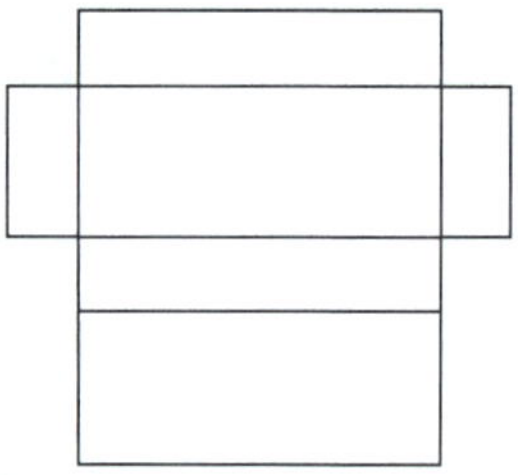

Merke dir:

Wenn du die Seiten eines Körpers aufklappst, entsteht ein Körpernetz.

A ____________

B ____________

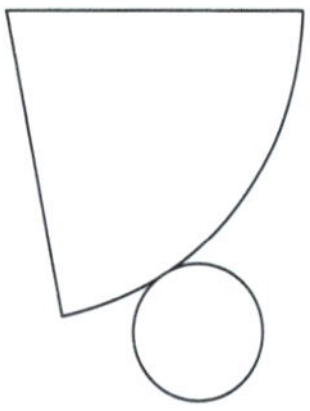

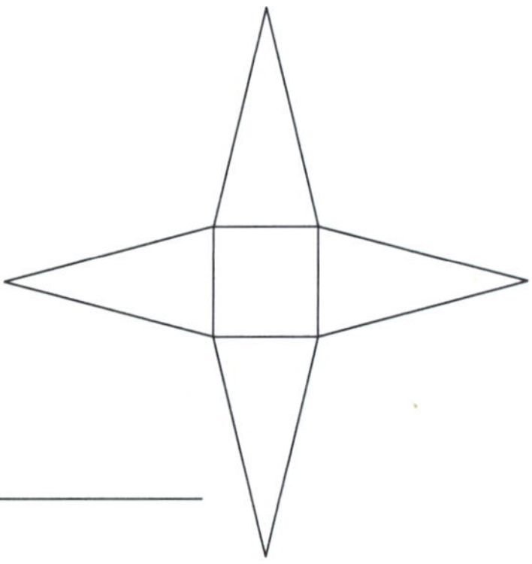

C ____________

D ____________

2| Falte das Quadernetz in Gedanken zusammen.
Welche Flächen liegen dann gegenüber?

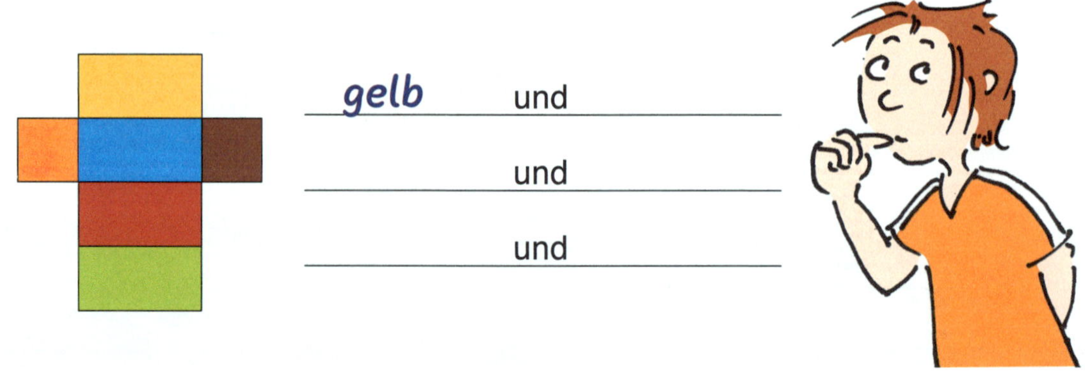

gelb und ____________

____________ und ____________

____________ und ____________

Male jeweils die sechs Flächen mit sechs verschiedenen Farben an.
Welche Flächen liegen nach dem Falten gegenüber?
Schreibe auf.

_______ und _______

_______ und _______

_______ und _______

_______ und _______

_______ und _______

_______ und _______

Lösungen

1| A Quader B Zylinder C Kegel D Pyramide

2| gelb und rot
blau und grün
orange und braun

Ansichten zuordnen 1

1| Klara und Klaro fotografieren das Haus. Ordne die Fotos zu.

Foto von: ____________________

Foto von: ____________________

2| Ergänze die Augenzahlen des Würfels.

von hinten

von links

von unten

Merke dir:

Die gegenüberliegenden Augenzahlen ergeben in der Summe 7.

Zeichne das Haus aus Aufgabe 1 von hinten und von links.
Du kannst zusätzliche Details ergänzen.

von hinten

von links

Lösungen

1 |

2 | von hinten von links von unten

Ansichten zuordnen 2

1| Du siehst verschiedene Ansichten von Körpern.
Ordne die Ansichten den Körpern zu.

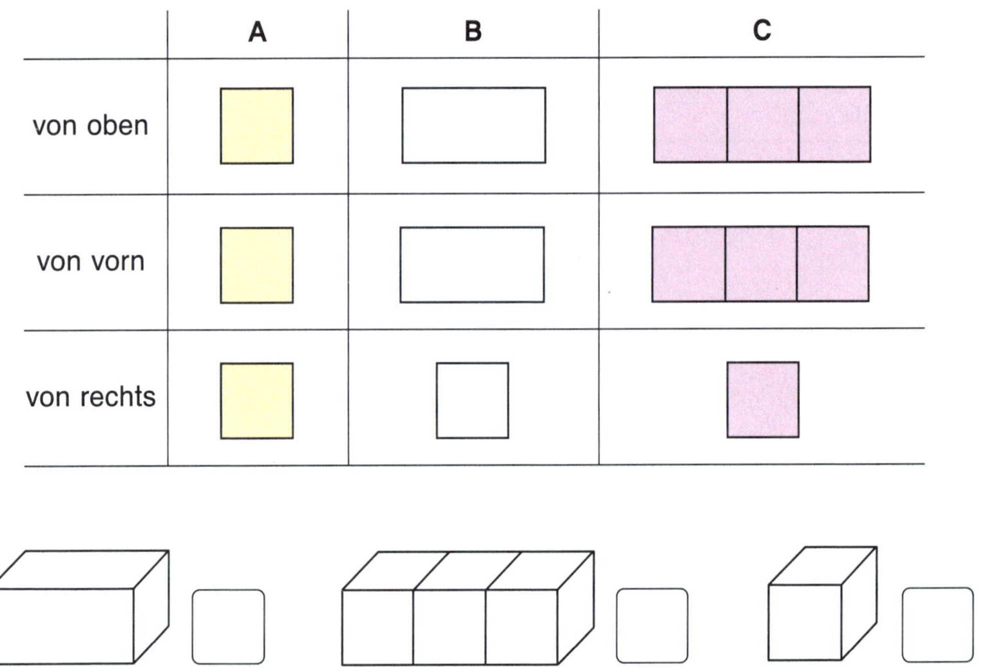

2| Welche Ansicht ist es? Ordne zu.

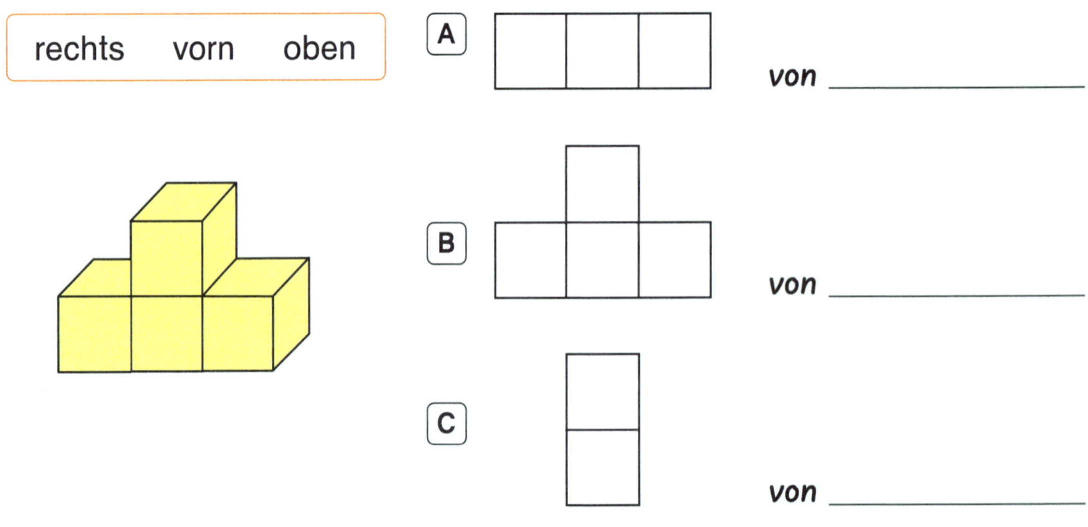

Baue das Würfelgebäude nach. Betrachte es von allen Seiten.
Zeichne die verschiedenen Ansichten.

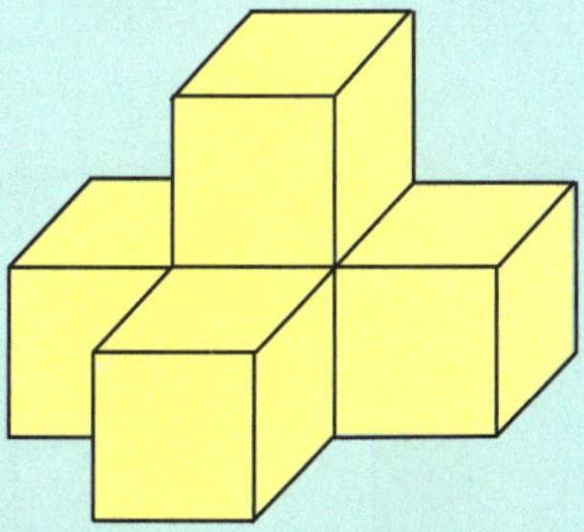

von vorn

von hinten

von links

von rechts

von oben

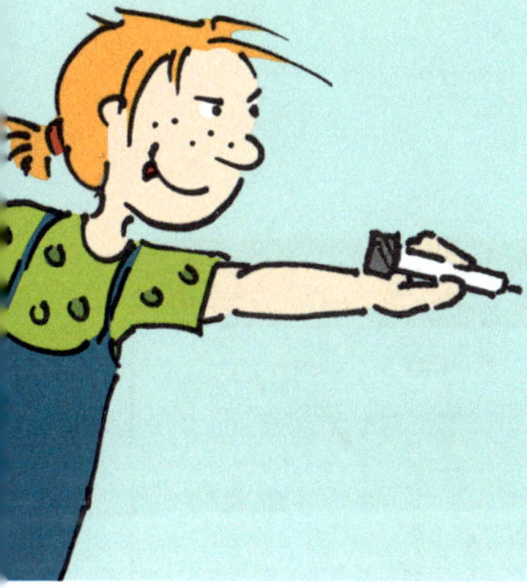

Lösungen

1|

2|

Ansichten von Würfelgebäuden

1| Welche Ansicht der Würfelgebäude ist abgebildet? Schreibe auf.

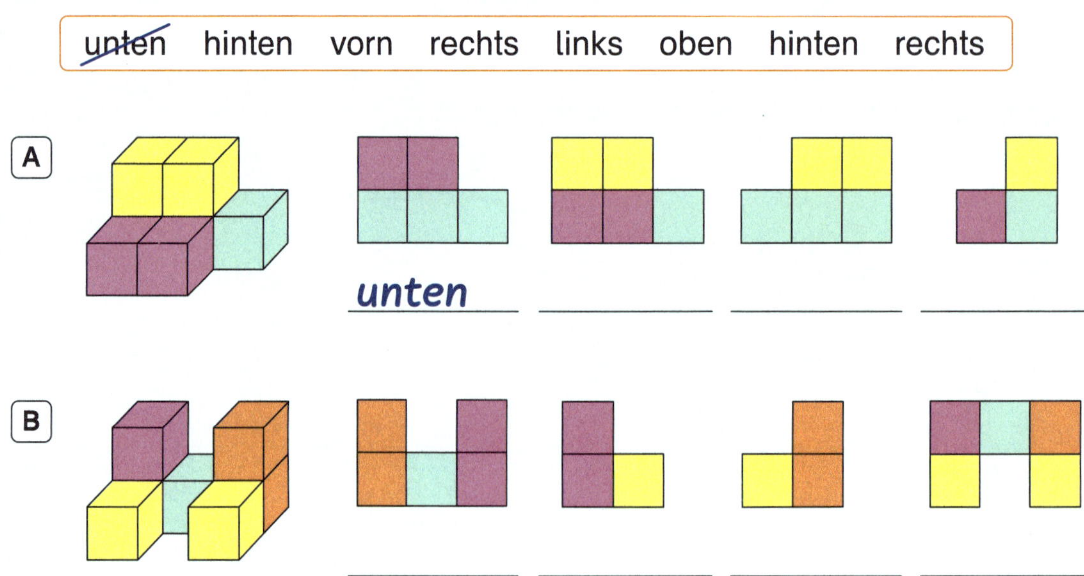

2| Welche Ansicht passt zum Bauplan? Ordne zu. Du kannst auch vorher die Würfelgebäude bauen.

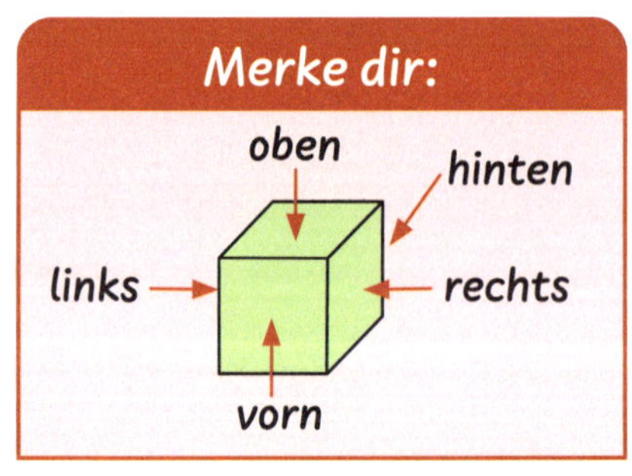

rechts oben vorn links

A

2	1	2
1	2	1
1	1	0

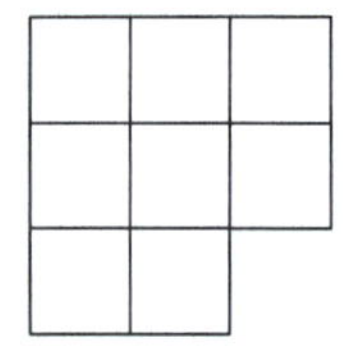

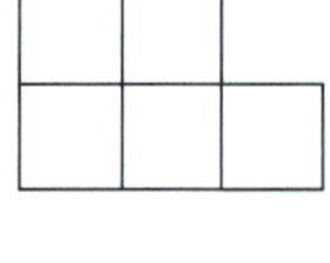

B

0	2	1
1	2	1
0	1	0

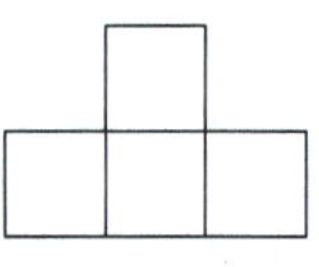

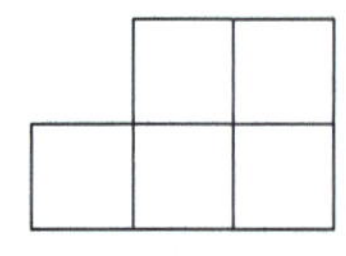

Male das Würfelgebäude jeweils mit unterschiedlichen Farben aus.
Male dann die Ansichten entsprechend an.

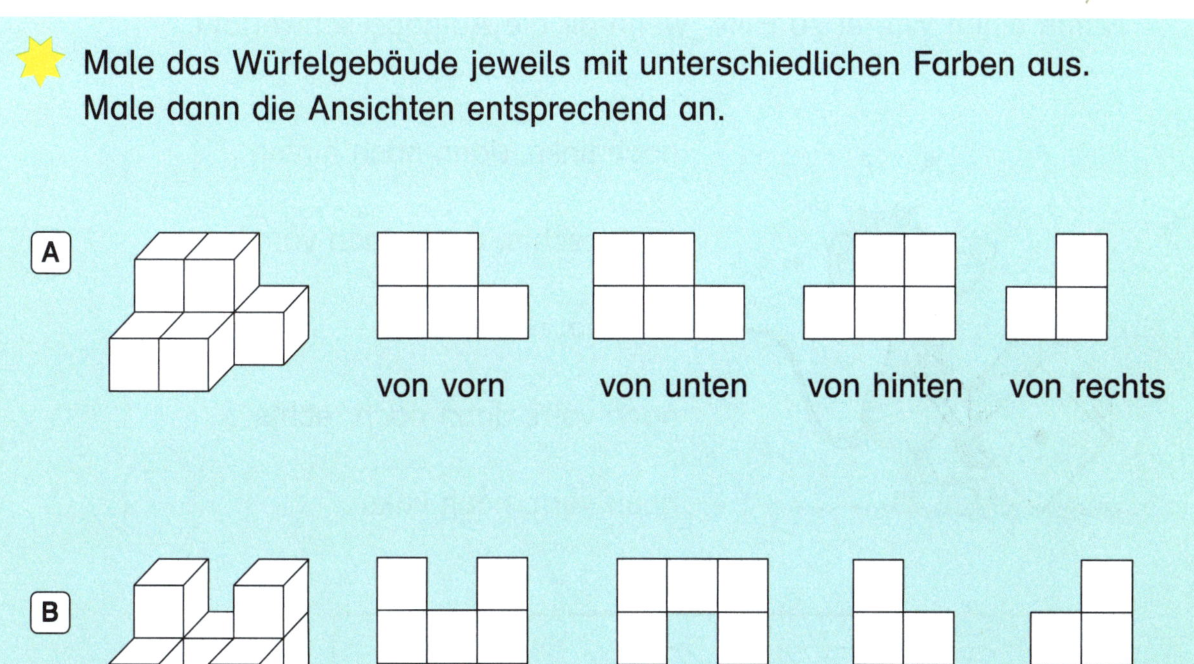

Lösungen

1 | A unten vorn hinten rechts
B hinten links rechts oben

2 | A oben links
B vorn rechts

Kippfolgen von Würfeln

1| Welche Augenzahl des Würfels liegt nach den Kippfolgen oben?
Nimm einen Würfel zu Hilfe, wenn dir die Aufgabe schwerfällt.

- nach links, dann nach hinten ☐
- nach rechts, dann nach vorn ☐
- zweimal nach hinten ☐
- nach vorn, dann nach rechts ☐
- nach vorn, nach links ☐

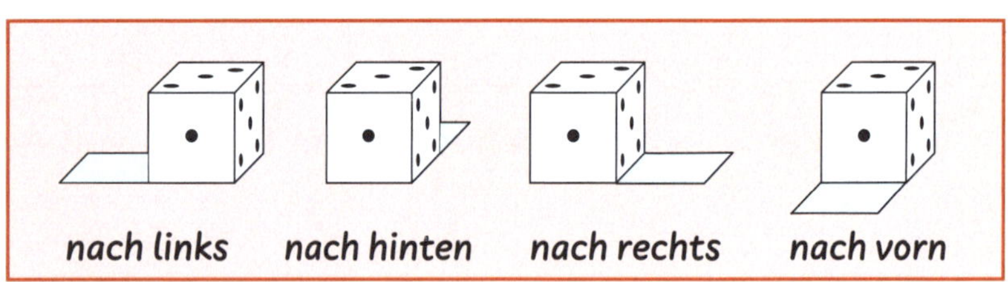

2| Kannst du den Würfel **einmal** kippen, damit die angegebene Augenzahl oben liegt? Kreuze an.

	ja	nein
5		
2		
1		
4		

Welche Augenzahl liegt nach den Kippfolgen des Würfels oben?
Nimm dir einen Würfel und erstelle eigene Kippfolgen.
Lasse einen Partner oder eine Partnerin die Lösung aufschreiben.

A ______________________ ☐

B ______________________ ☐

C ______________________ ☐

Lösungen

1 | 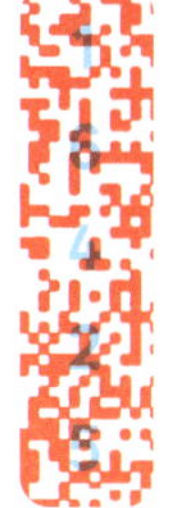

2 |

	ja	nein
5	X	
2	X	
1		X
4	X	

Richtig klasse! | Gut! | Könnte besser sein!

Geraden zeichnen

1| Zeichne Geraden durch gleichfarbige Punkte ein.

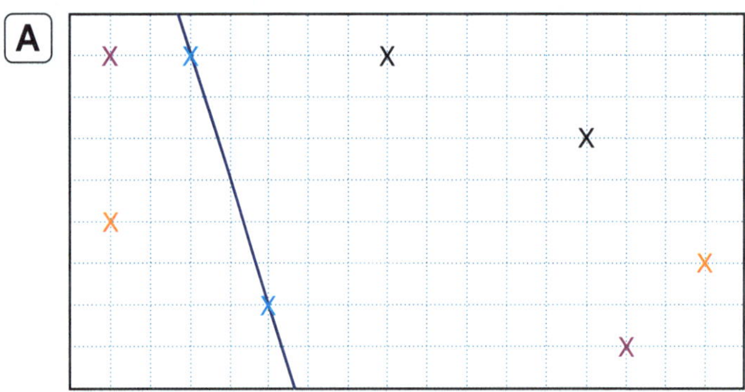

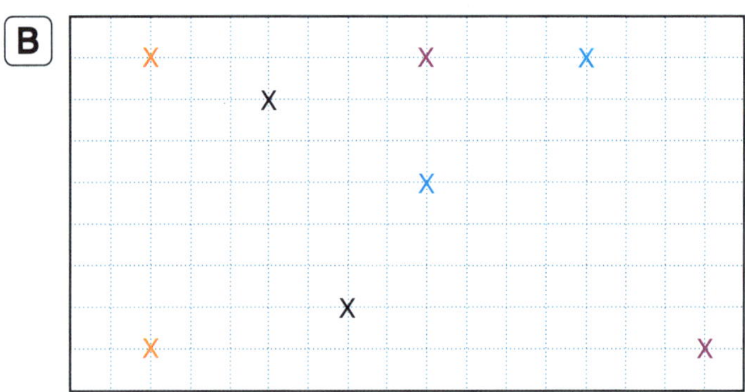

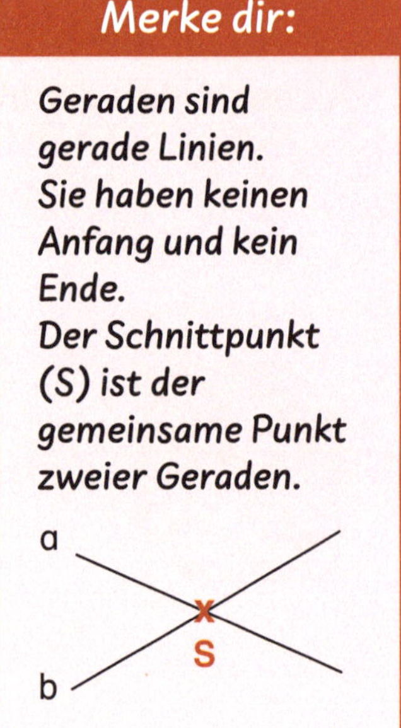

2| Wie viele Schnittpunkte zwischen den Geraden zählst du? Schreibe auf.

A	
B	

Zeichne Geraden in das Rechteck. Zähle die Schnittpunkte.
Du kannst auch einen Partner oder eine Partnerin zählen lassen.

Anzahl der Schnittpunkte:

Lösungen

1| Toll gezeichnet!
Klebe die Lösungs-Sticker ein und vergleiche!

A

Lösungs-Sticker 1

B

Lösungs-Sticker 1

2|

A	[illegible]
B	[illegible]

Richtig klasse! Gut! Könnte besser sein!

Parallele Geraden finden

1| Welche Geraden sind parallel? Schreibe auf.

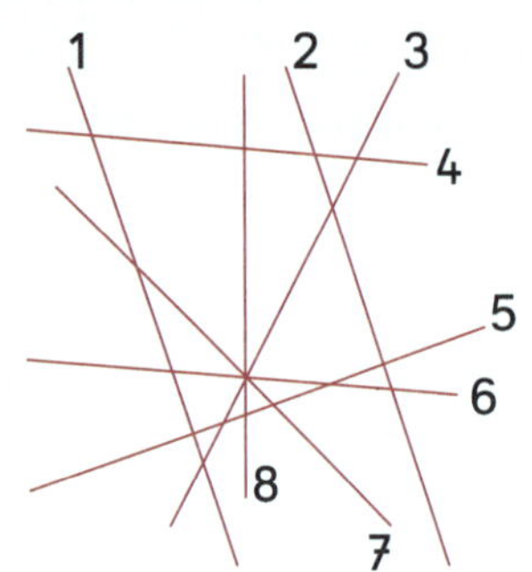

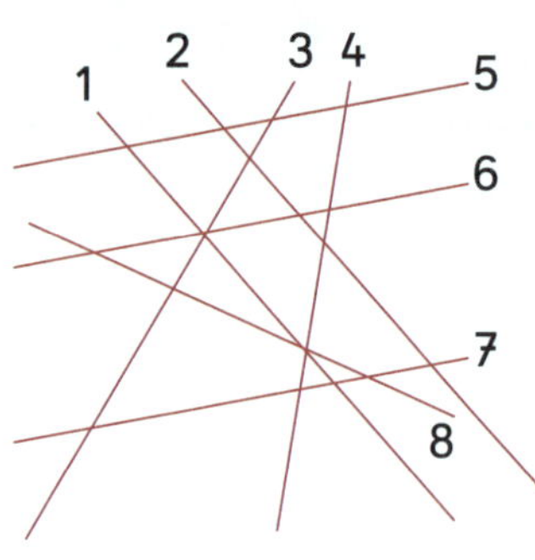

A 1+2, ____________

B ____________

C ____________

D ____________

Parallele Geraden verlaufen im gleichen Abstand nebeneinander. Sie lassen sich gut mit dem Geodreieck zeichnen.

2| Zeichne jeweils drei parallele Geraden ein:

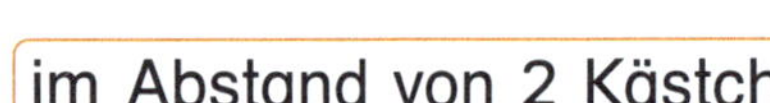

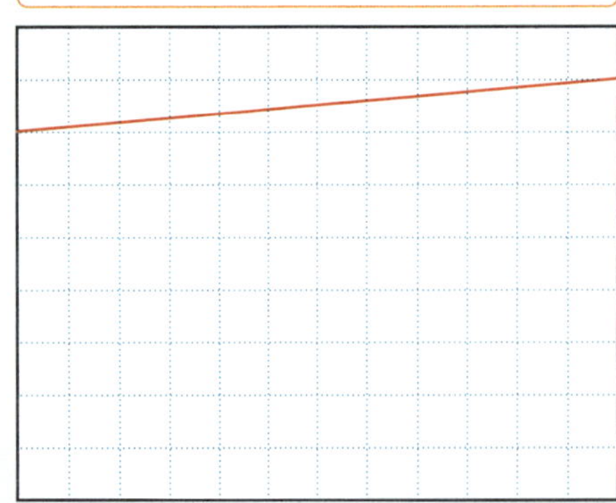

im Abstand von 3 Kästchen

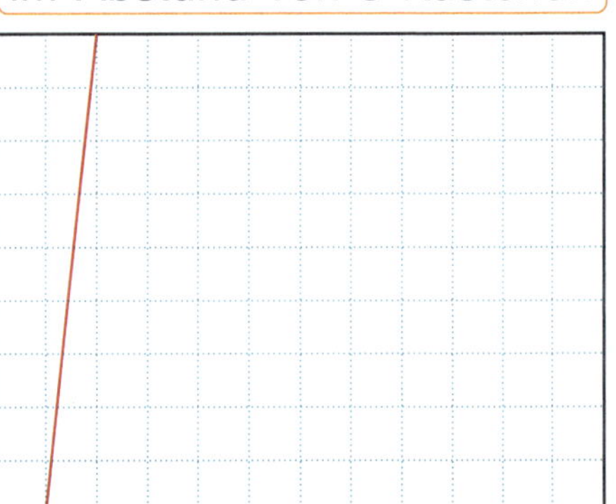

 Dieses Viereck ist ein Parallelogramm. Male es nach.
Spure zueinander parallele Seiten mit der gleichen Farbe nach. 

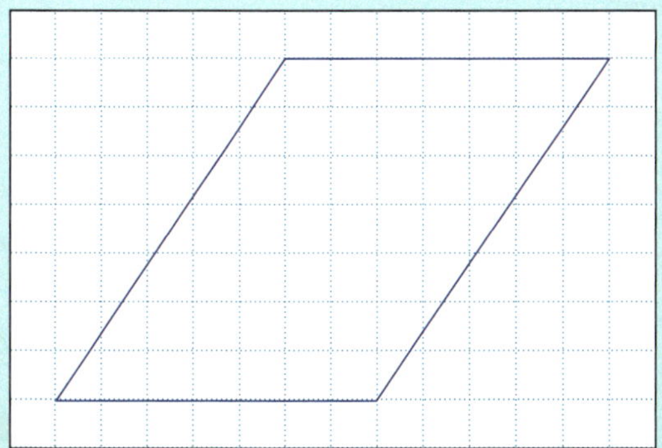

Bei einem Parallelogramm sind die gegenüberliegenden Seiten zueinander parallel und gleich lang.

Lösungen

1| A

B 

C 

D 

2|

Lösungs-Sticker

2

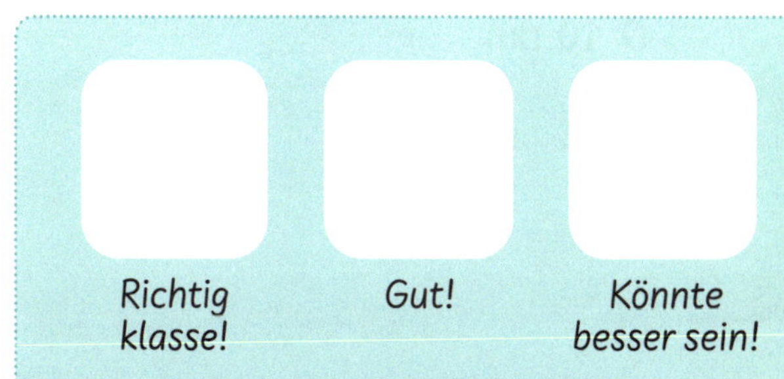

Strecken messen und zeichnen

1 | Wie lang sind die Strecken? Miss nach und schreibe auf.

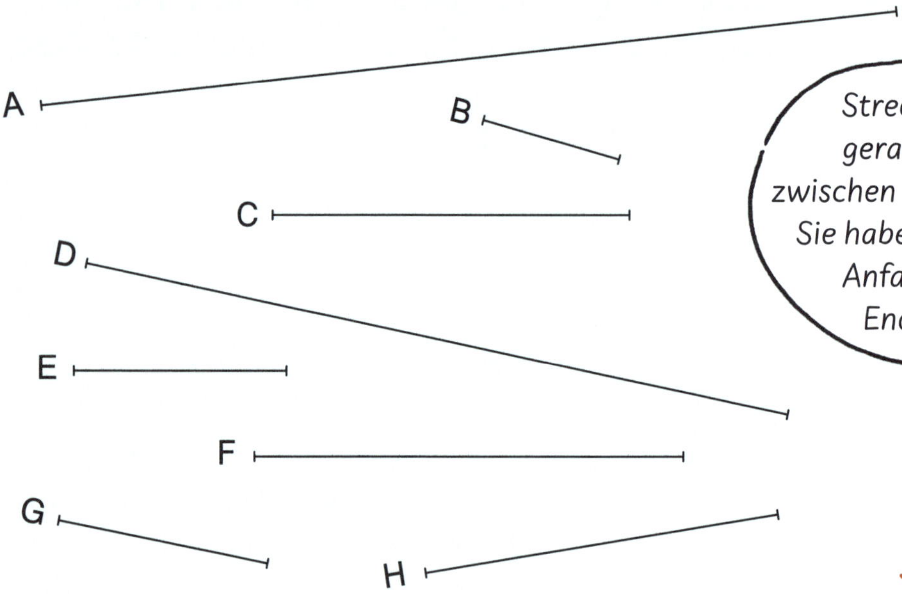

A B C D E F G H

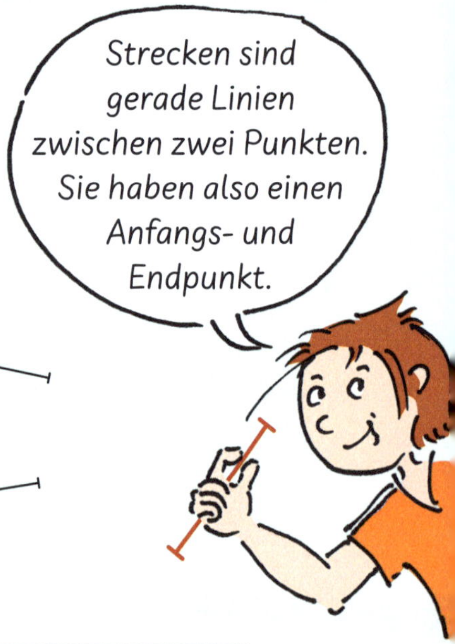

Strecken sind gerade Linien zwischen zwei Punkten. Sie haben also einen Anfangs- und Endpunkt.

A =	B =	C =	D =
E =	F =	G =	H =

2 | Zeichne die folgenden Strecken.

1

A

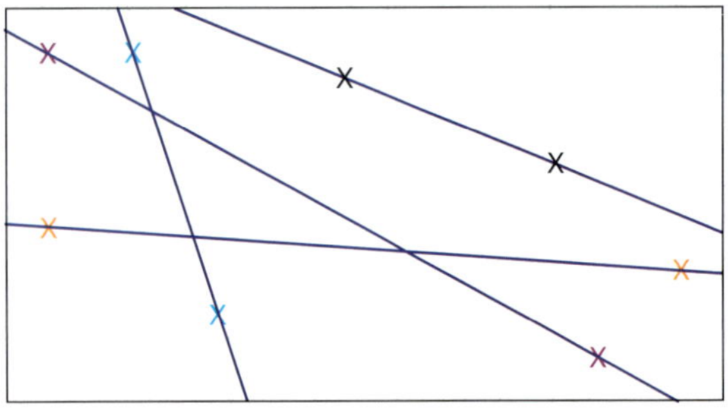

B

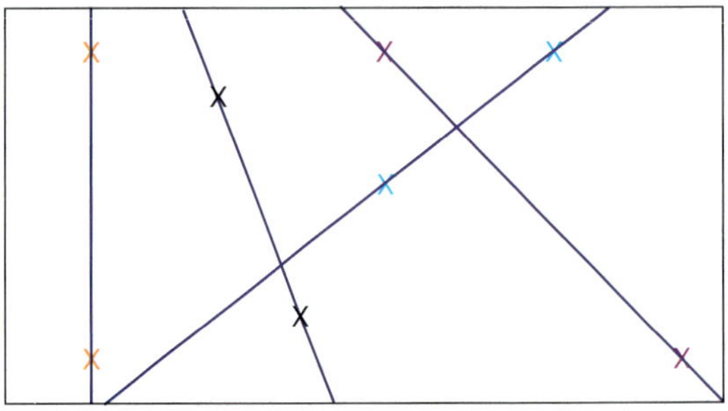

2

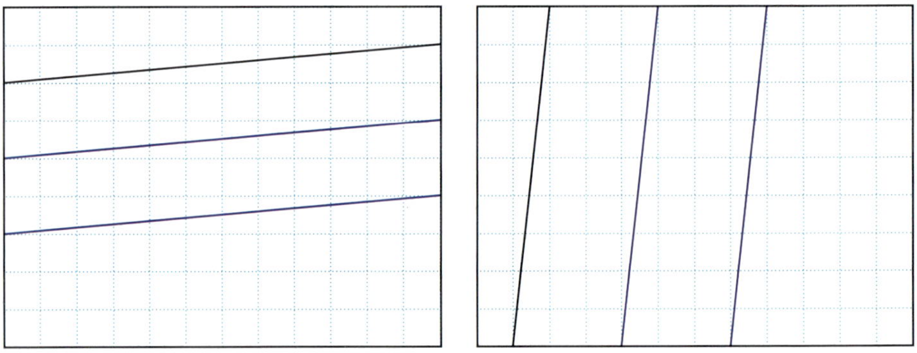

3

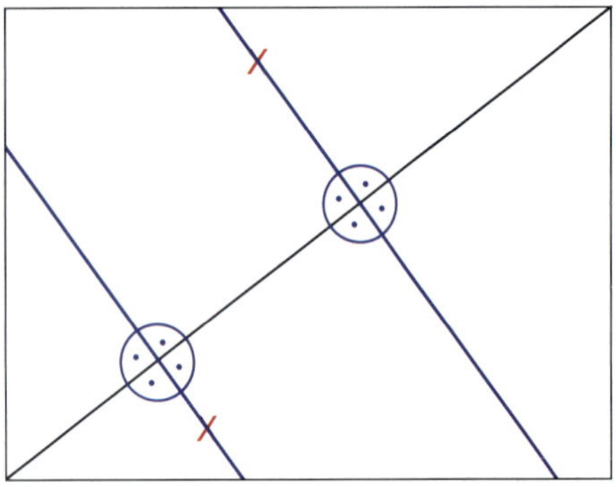

7

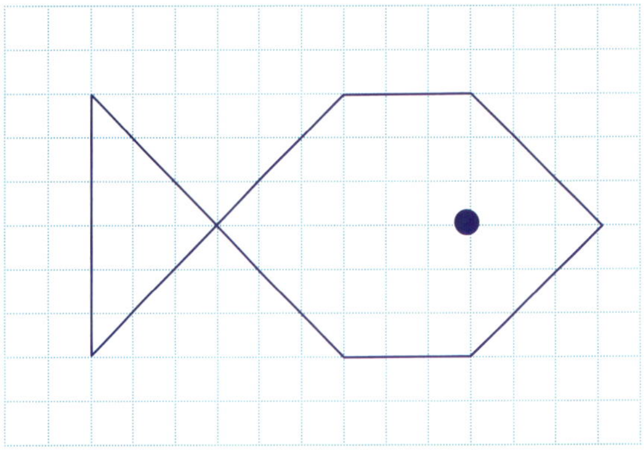

Stickerbogen No 246 09

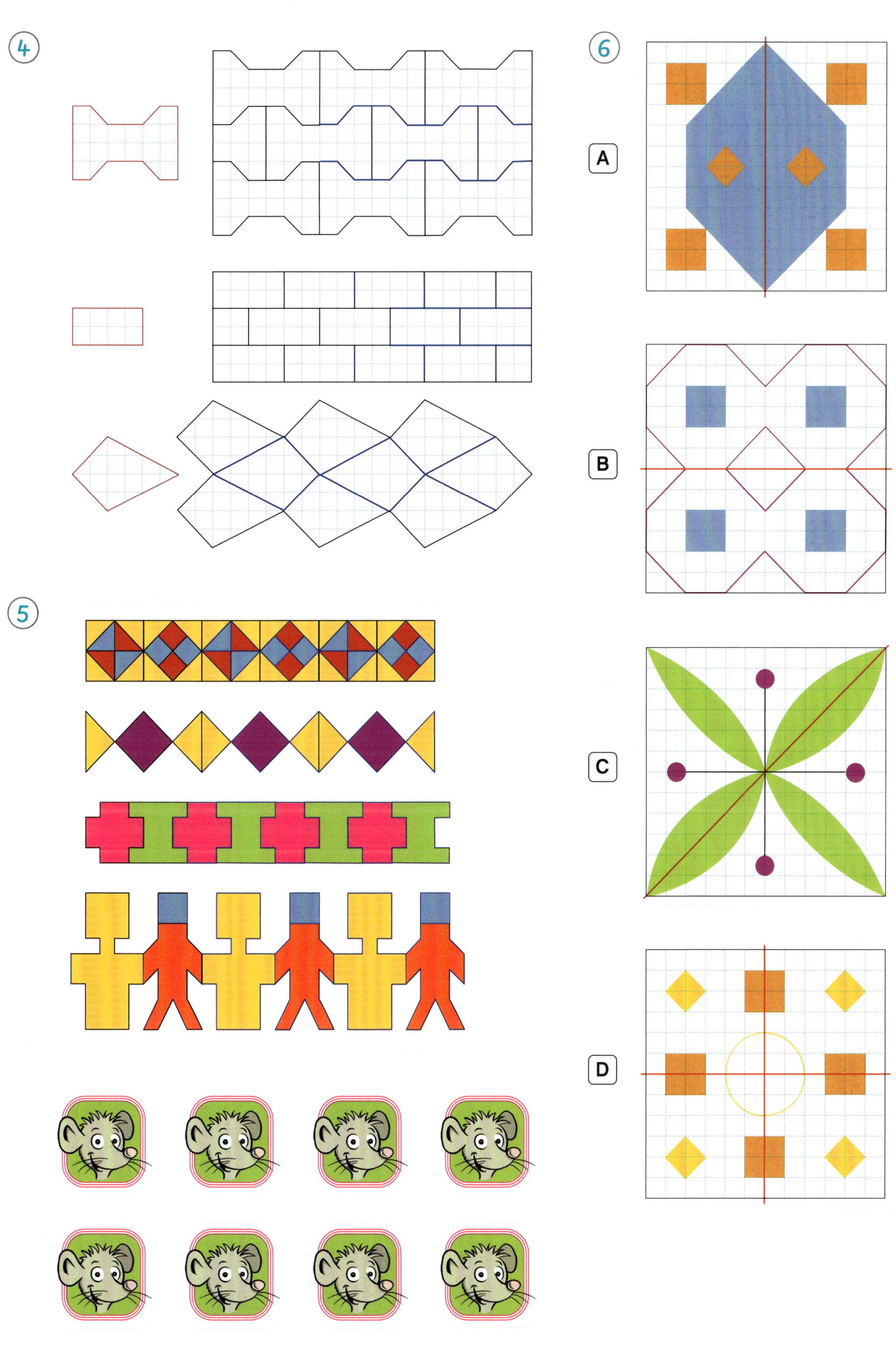
4
6
A
B
5
C
D

Zeichne weitere Strecken. Findest du heraus, wie lang du die Strecken gezeichnet hast? Probiere es aus und miss nach.

Lösungen

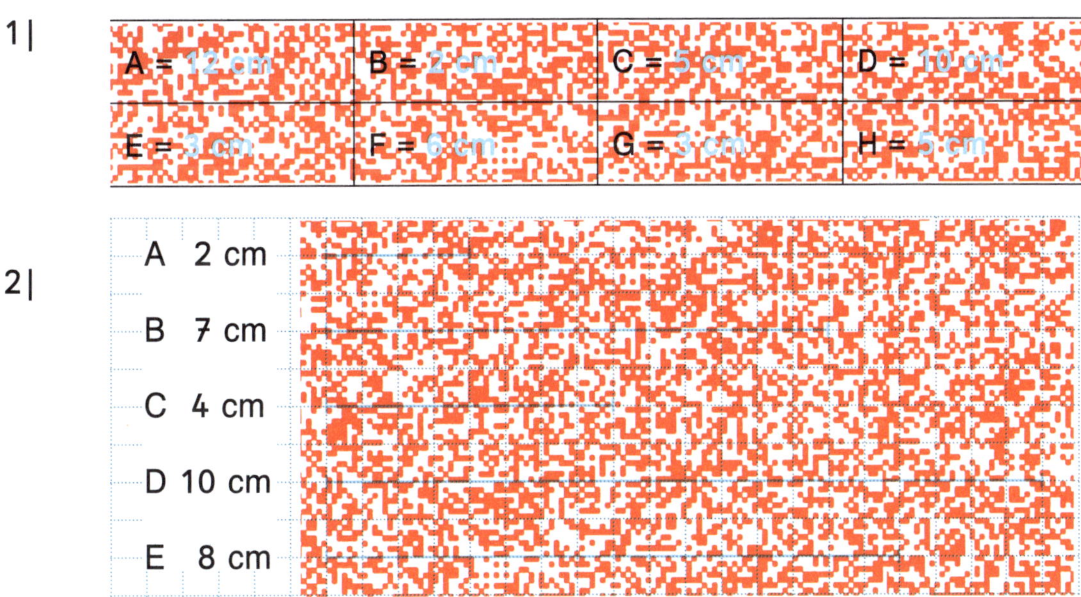

1|

A = 12 cm	B = 2 cm	C = 5 cm	D = 10 cm
E = 3 cm	F = 6 cm	G = 3 cm	H = 5 cm

2|

A 2 cm

B 7 cm

C 4 cm

D 10 cm

E 8 cm

Rechte Winkel finden

1| Kreuze die rechten Winkel an und kennzeichne sie mit einem Punkt.

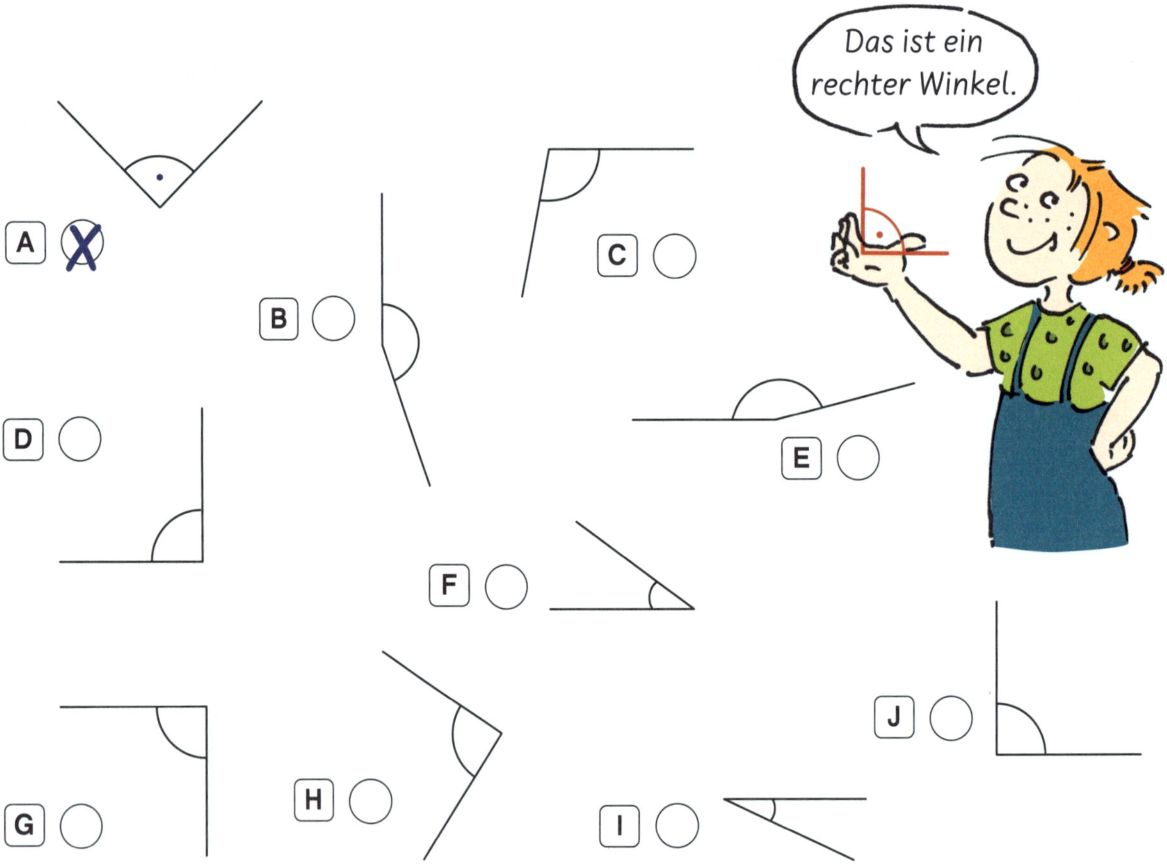

A ☒ B ○ C ○ D ○ E ○ F ○ G ○ H ○ I ○ J ○

2| Zeichne die senkrechten Geraden durch die Punkte ein. Kennzeichne alle rechten Winkel.

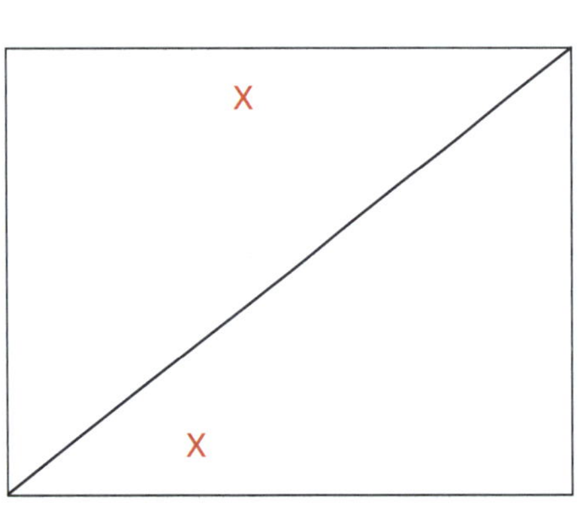

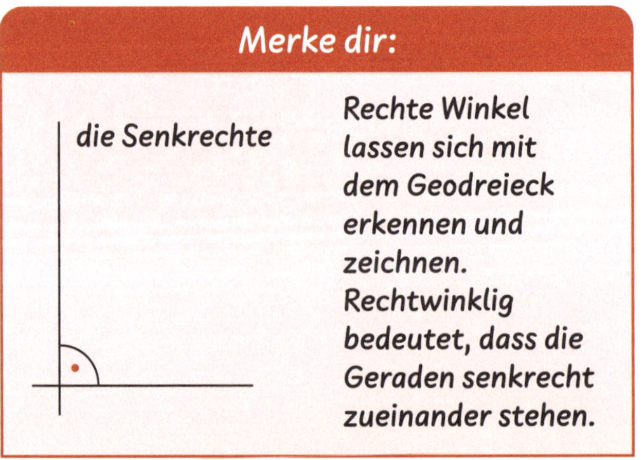

Zeichne einige rechte Winkel und andere Winkel auf. Lasse einen Partner oder eine Partnerin die rechten Winkel ankreuzen.

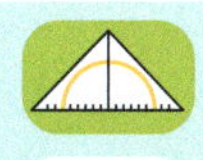

Lösungen

1|

2| 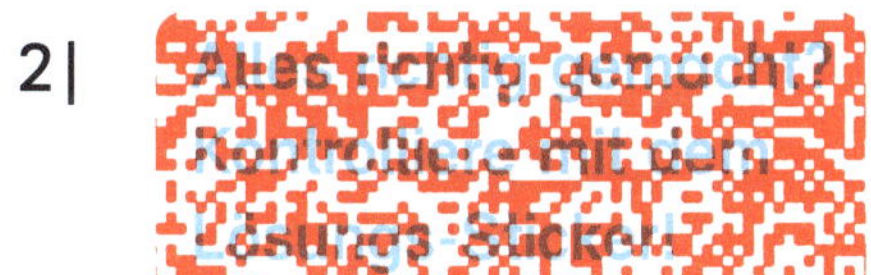

Flächen in Teilflächen zerlegen

1| Wie oft passt das abgebildete Dreieck in die Figuren?
Zeichne die Dreiecke ein und schreibe die Anzahl auf.

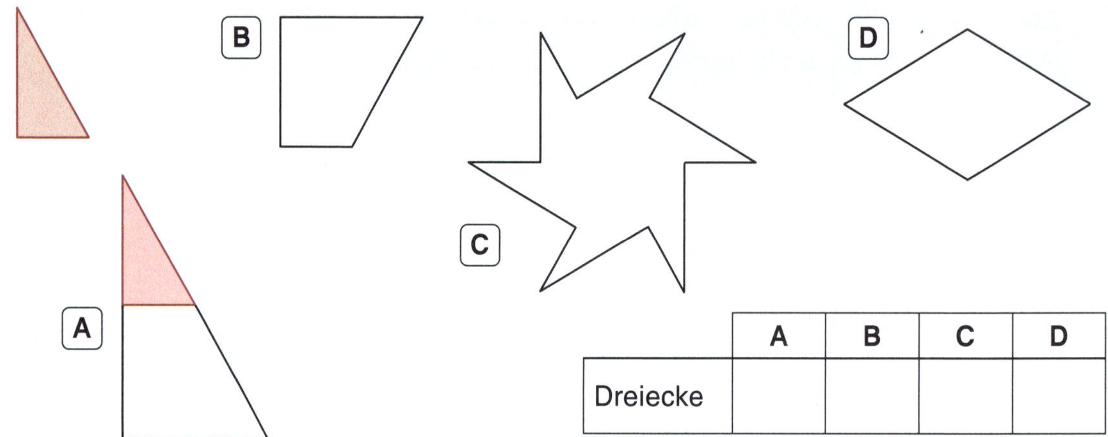

	A	B	C	D
Dreiecke				

2| Wie oft passt das abgebildete Quadrat in die Figuren?
Zeichne die Quadrate ein und schreibe die Anzahl auf.

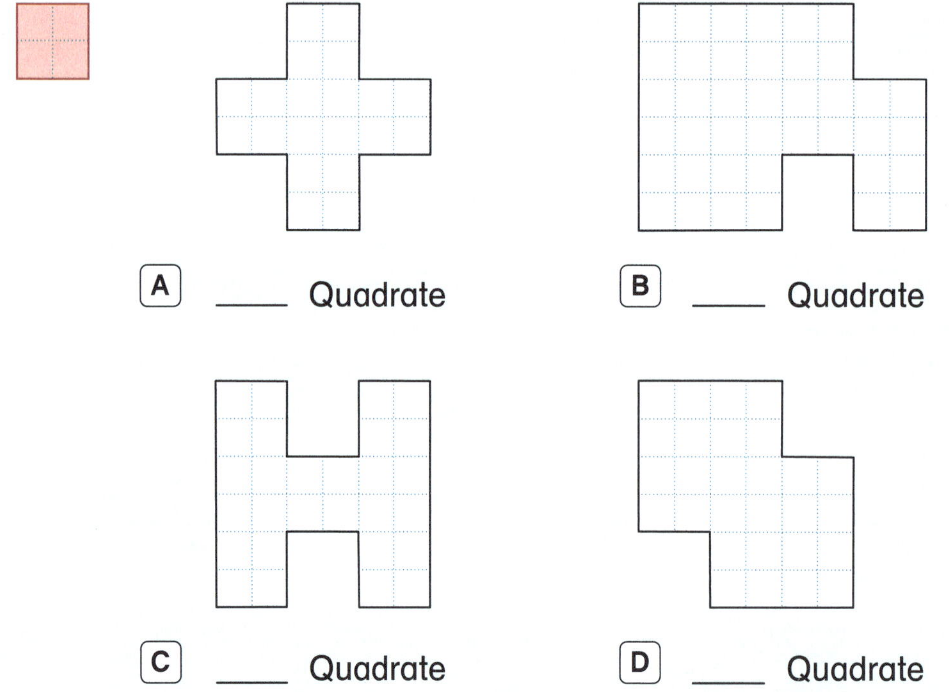

A ____ Quadrate

B ____ Quadrate

C ____ Quadrate

D ____ Quadrate

Zeichne 10 gleiche Quadrate (zum Beispiel 2 cm · 2 cm) auf ein Blatt Papier und schneide sie aus.
Lege die Figuren aus Aufgabe 2 nach.

Lösungen

1|

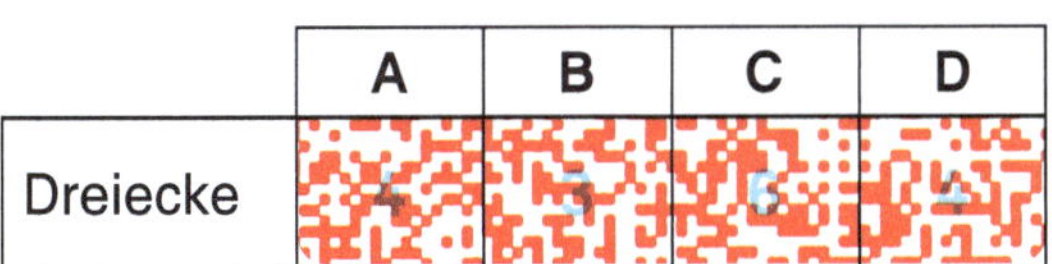

	A	B	C	D
Dreiecke	4	3	6	4

2|

A 5 Quadrate

B 10 Quadrate

C 7 Quadrate

D 7 Quadrate

Richtig klasse! | Gut! | Könnte besser sein!

Teilflächen am Geobrett

1| Aus wie vielen Quadraten bestehen die Figuren? Schreibe auf.
Beachte: 2 Dreiecke können zu 1 Quadrat zusammengesetzt werden.

A

☐ Quadrate ☐ Quadrate ☐ Quadrate ☐ Quadrate

B

☐ Quadrate ☐ Quadrate ☐ Quadrate ☐ Quadrate

2| Welche Flächen bestehen aus gleich vielen Quadraten?
Sie haben damit den gleichen Flächeninhalt. Kreuze an.

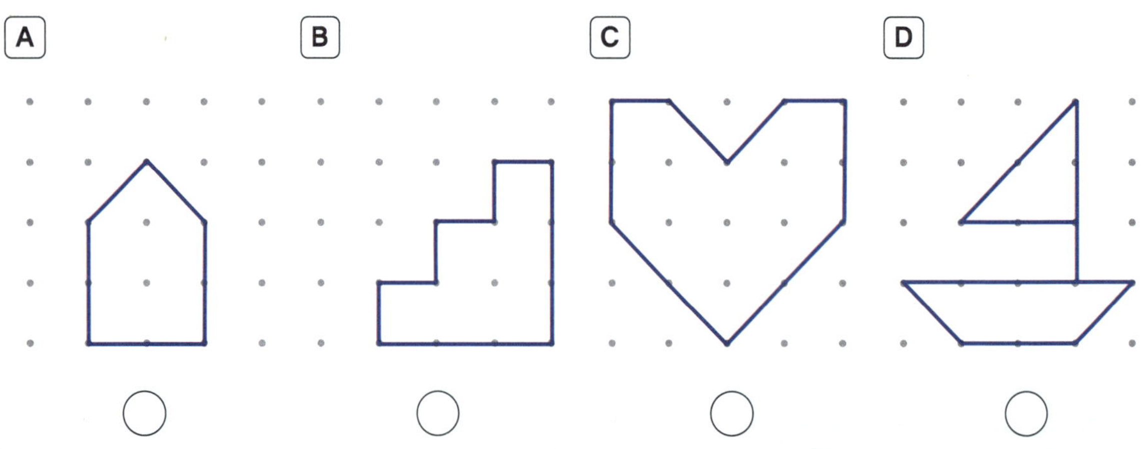

Spanne Figuren mit einem Flächeninhalt von 8 Quadraten.
Zeichne ein.

Das Boot besteht aus 3 Quadraten. Damit beträgt der Flächeninhalt 3 Quadrate.

Lösungen

1| A

 Quadrate  Quadrate  Quadrate 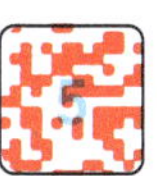 Quadrate

 Quadrate  Quadrate  Quadrate  Quadrate

2|

Richtig klasse! | Gut! | Könnte besser sein!

Flächeninhalt bestimmen 1

1| Aus wie vielen **Quadraten** bestehen die Figuren? Zeichne die Quadrate ein. Bestimme den Flächeninhalt in Quadraten.

A B C

D E F

G

	A	B	C	D	E	F	G
Flächeninhalt in Quadraten							

2| Ordne die Figuren nach ihrem Flächeninhalt. Beginne mit der kleinsten.

F ☐ ☐ ☐ ☐ ☐ ☐

Setze aus dem Quadrat eigene Flächen zusammen und zeichne sie auf. Lasse einen Partner oder eine Partnerin den Flächeninhalt in Quadraten bestimmen.

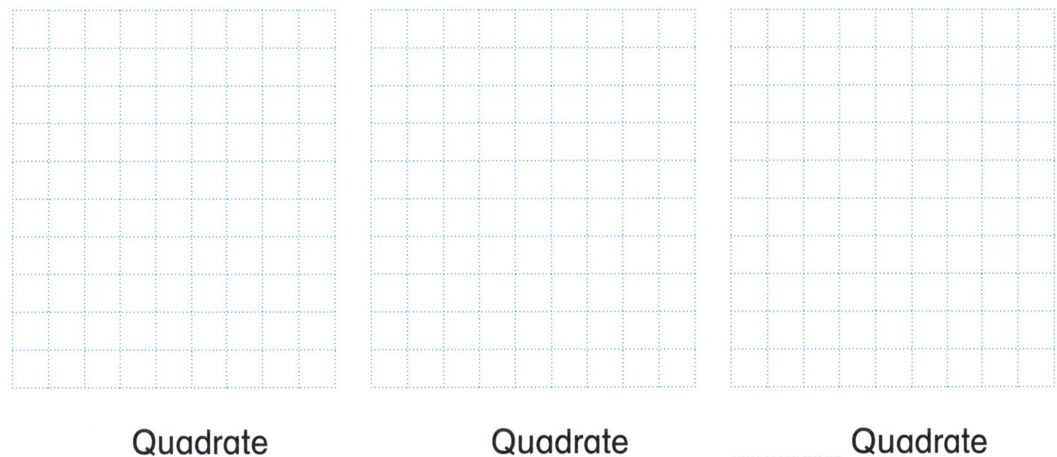

_______ Quadrate　　_______ Quadrate　　_______ Quadrate

Lösungen

1|

	A	B	C	D	E	F	G
Flächeninhalt in Quadraten	4	6	5	4	8	3	7

2| 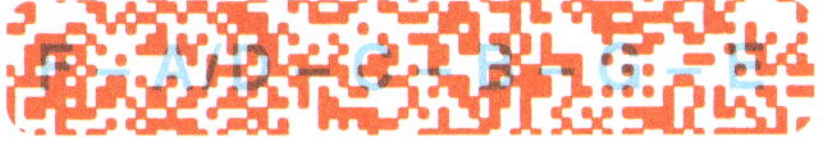

F – A/D – C – B – G – E

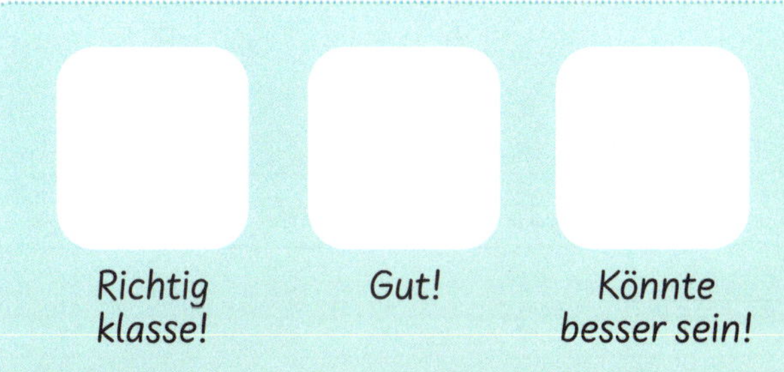

Flächeninhalt bestimmen 2

1| Wie oft passt das abgebildete Rechteck in die Figuren? Zeichne die Rechtecke ein und schreibe die Anzahl auf.

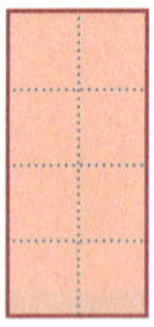

A

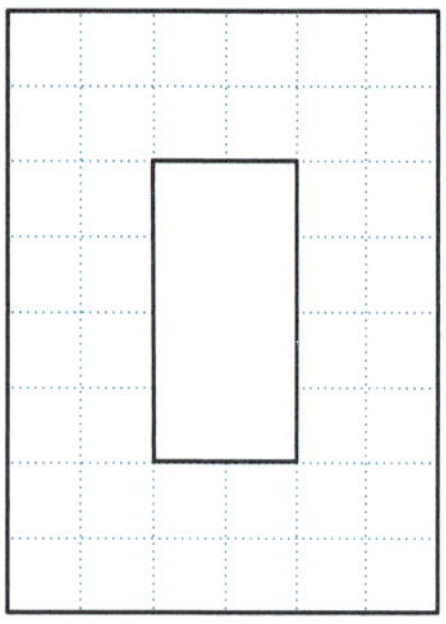

_____ Rechtecke

B

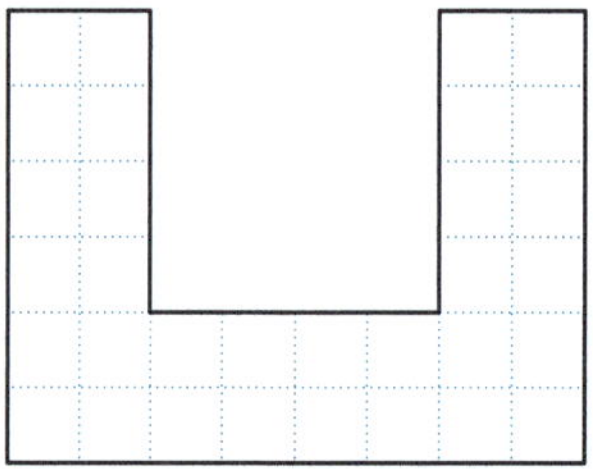

_____ Rechtecke

C

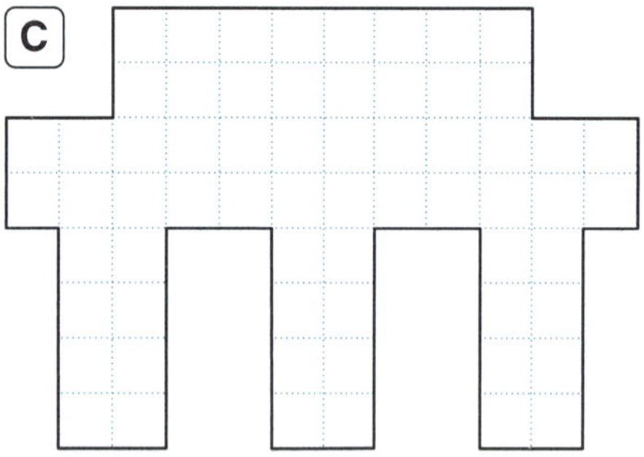

_____ Rechtecke

D

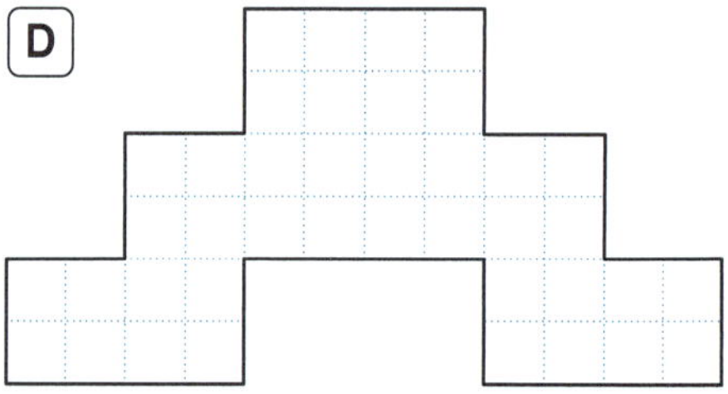

_____ Rechtecke

→ *Dieses Rechteck hat den Flächeninhalt von 8 Kästchen.*

4

2 8

2| Ermittle den Flächeninhalt der Figuren aus Aufgabe 1 in Kästchen. Verbinde.

A B C D

32 Kästchen | 40 Kästchen | 40 Kästchen | 64 Kästchen

Zeichne 8 Rechtecke (1 cm · 2 cm) auf ein Blatt Papier und schneide sie aus. Lege die Figuren aus Aufgabe 1 nach.

Lösungen

1 |

A

B

C

D

2 |

A

B

C

D

Richtig klasse!

Gut!

Könnte besser sein!

Parkettmuster ergänzen

1| Setze das Parkettmuster fort.

A

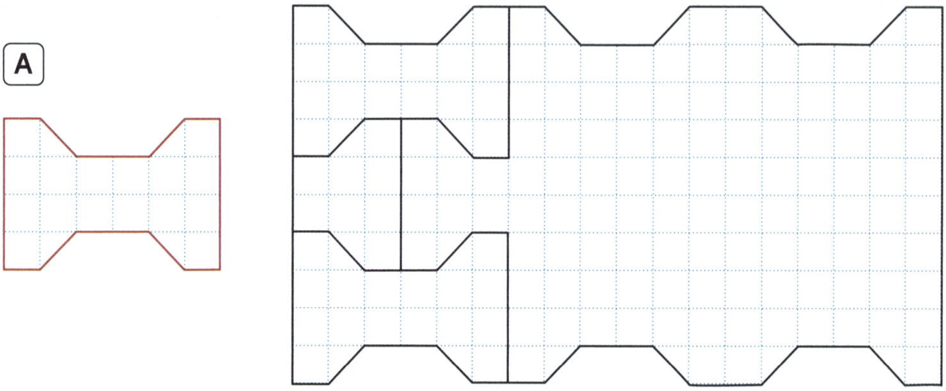

B

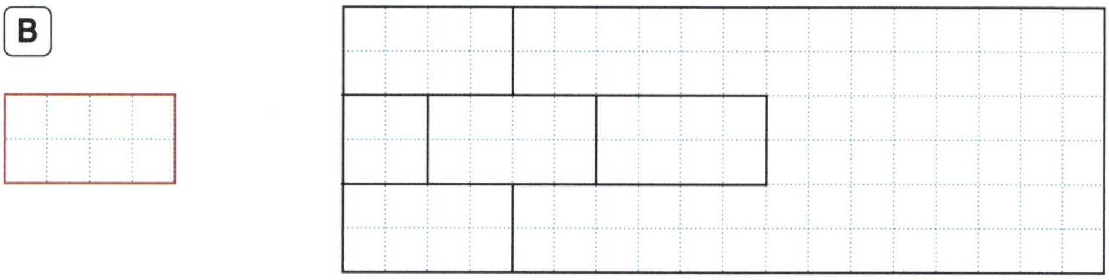

C

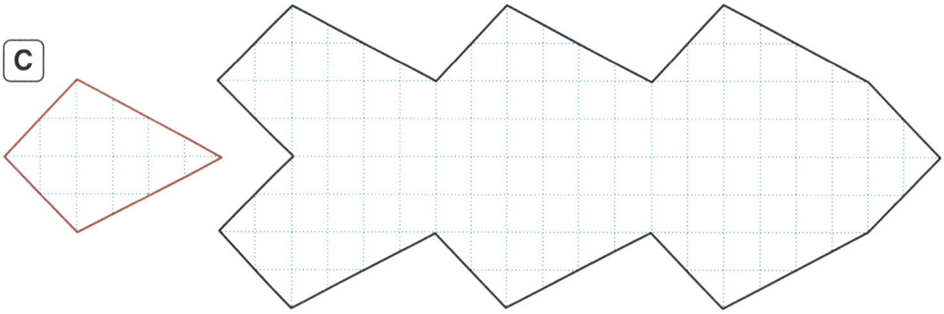

2| Wie viele Steine hast du jeweils benötigt? Ergänze die Tabelle.

	A	B	C
Anzahl der ganzen Steine			
Anzahl der halben Steine			

Zeichne oder fotografiere Parkettierungen in deiner Umgebung ab.

Lösungen

1|

A

Lösungs-Sticker

4

B

C

Super gezeichnet! Klebe den Lösungs-Sticker ab und überprüfe dich selbst!

2|

	A	B	C
Anzahl der ganzen Steine	8	12	9
Anzahl der halben Steine	2	3	0

Richtig klasse!

Gut!

Könnte besser sein!

Muster vervollständigen

1 | Vervollständige die Muster.

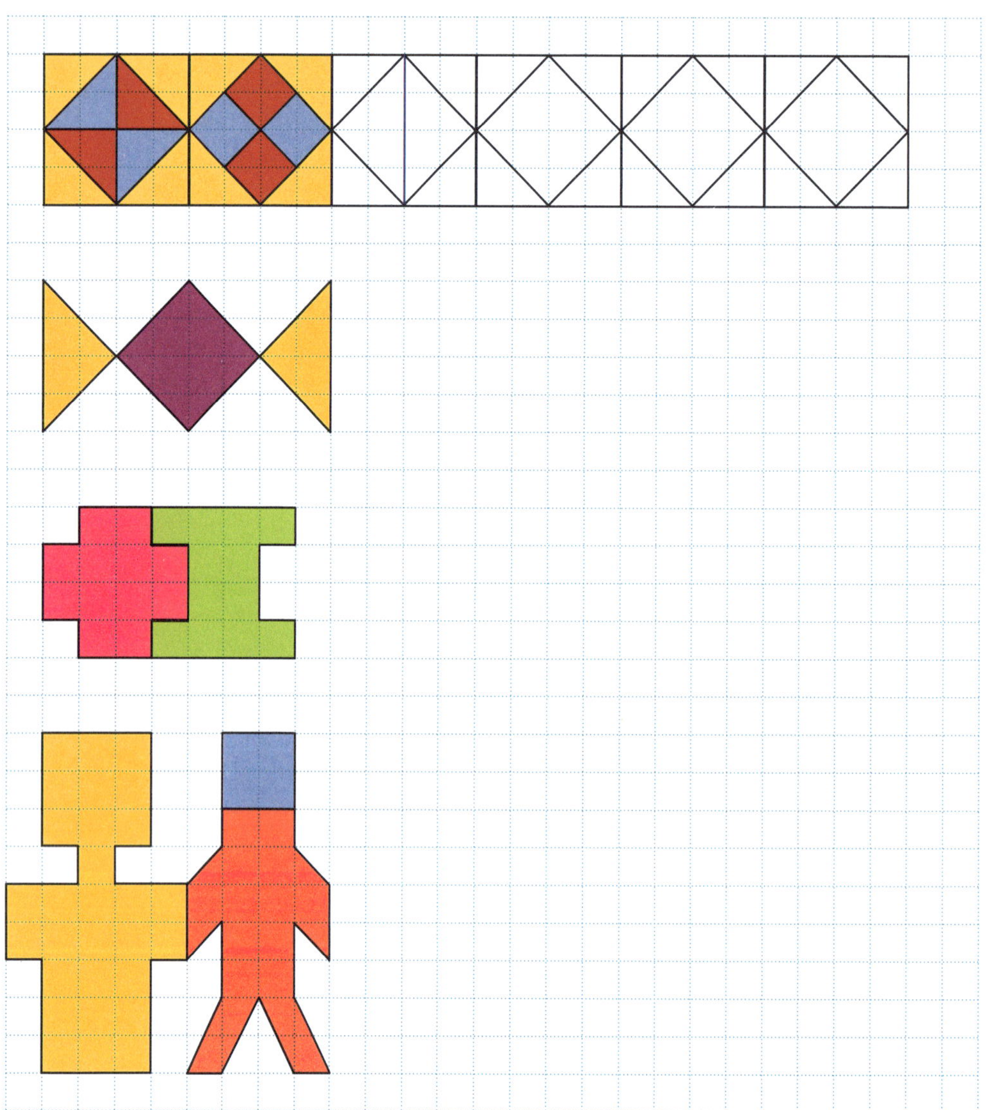

2 | Wie oft kommt das Muster in den vervollständigten Reihen vor? Schreibe auf.

A	mal	B	mal	C	mal	D	mal

Male ein eigenes Muster.

Lösungen

1| Lösungs-Sticker

5

Sind alle Muster fertig? Klebe den Lösungs-Sticker ein und vergleiche!

2|

Richtig klasse!

Gut!

Könnte besser sein!

Spiegelbildlich ergänzen

1| Ergänze die Muster spiegelbildlich.
Du kannst mit einem Spiegel kontrollieren.

A

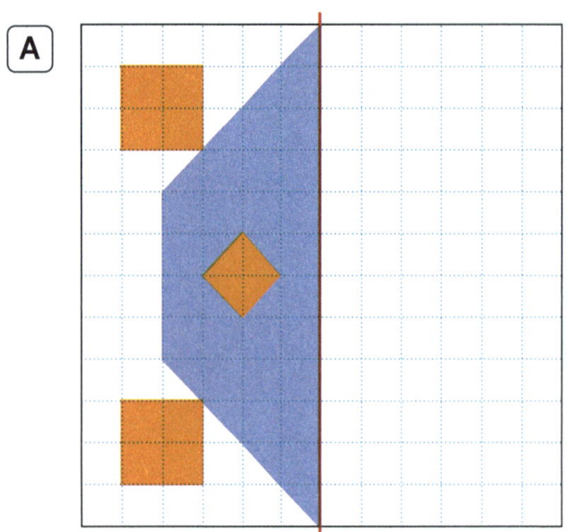

B

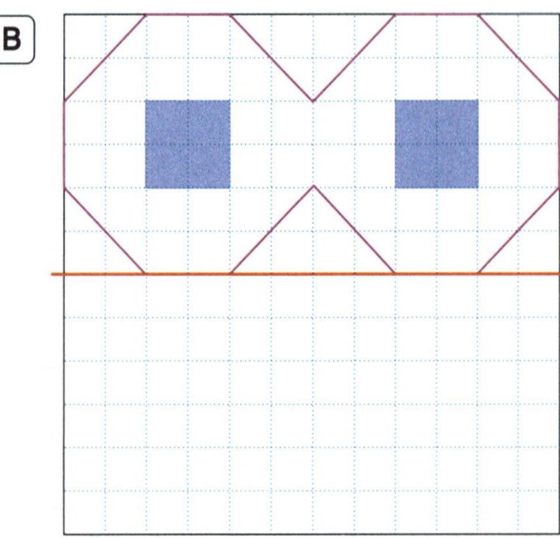

Spiegle hier zweimal!

C

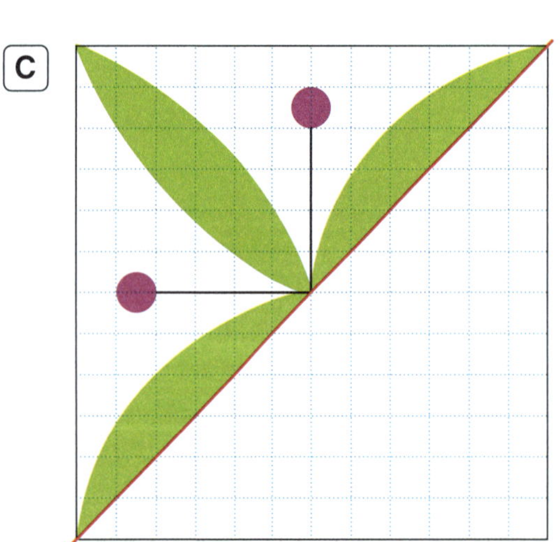

D

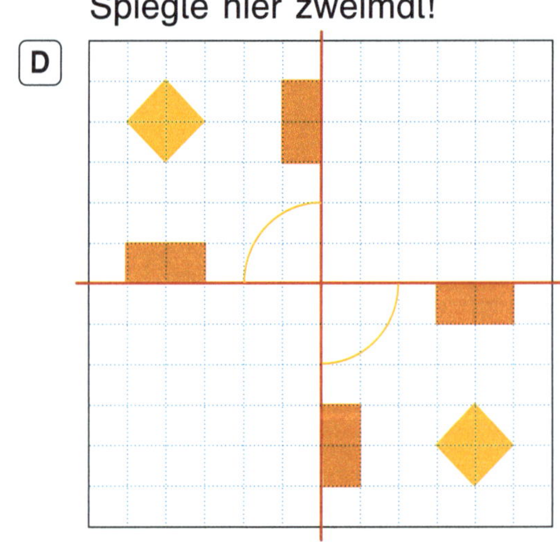

2| Wie viele Spiegelachsen kannst du entdecken?
Schreibe auf.

A	
B	
C	
D	

Merke dir:

An der Spiegelachse entsteht das Spiegelbild, d. h. die Figuren sehen spiegelbildlich (symmetrisch) aus. Die Spiegelachse kann man auch als Symmetrieachse bezeichnen.

Bastle spiegelsymmetrische Figuren:
1. Blatt Papier falten
2. Muster an die Faltkante zeichnen und ausschneiden
3. Blatt auseinanderfalten → Fertig!

Lösungen

1| A

B

Hast du symmetrisch gezeichnet? Klebe den Lösungs-Sticker auf und überprüfe genau.

C

D

2|

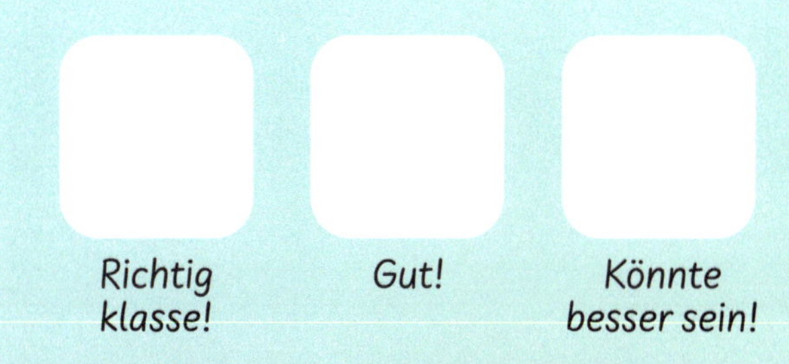

MASSSTÄBE FINDEN – VERGRÖSSERN

1| Ordne den Quadraten das richtige Verhältnis zu.

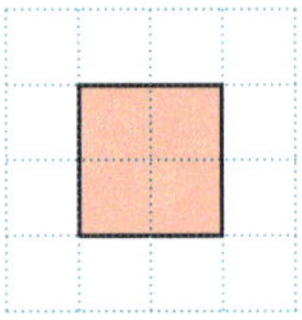

Quadrat im Original

2:1

4:1

3:1

Merke dir:

Im MASSSTAB 2 zu 1 werden die Seiten eines Quadrates doppelt so GROSS. Im MASSSTAB 3 zu 1 ist das Quadrat 3-mal so GROSS.

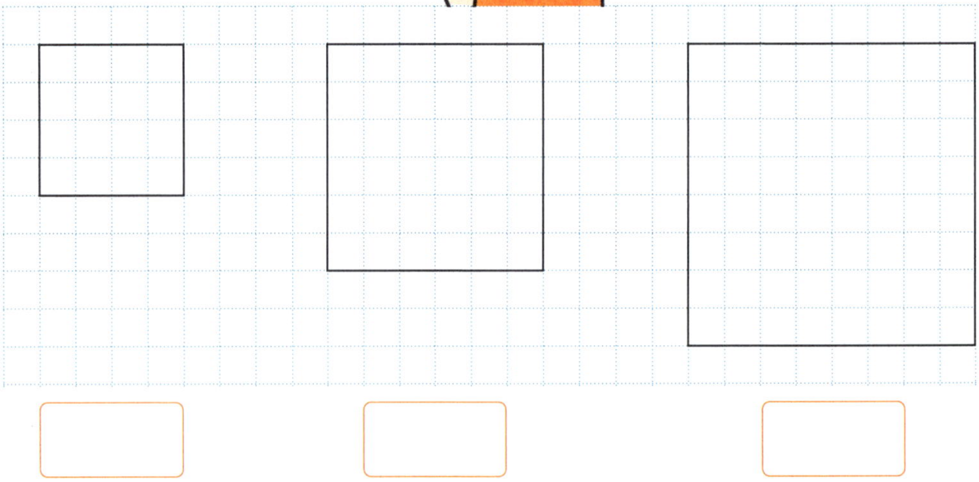

2| Zeichne den Fisch im Verhältnis 3:1. Zeichne dazu 3 Kästchenlängen für 1 Kästchenlänge in der Vorlage.

 Zeichne den Fisch auch im Verhältnis 2 : 1 und 4 : 1. 

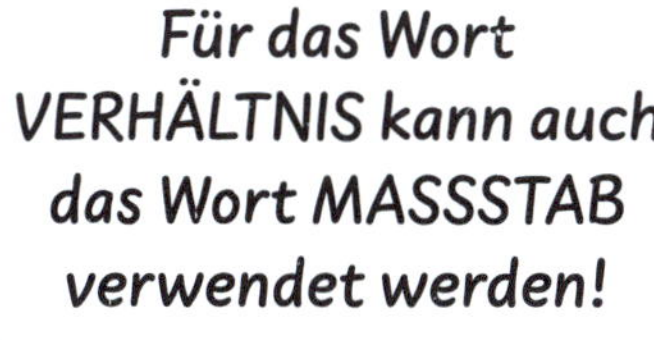

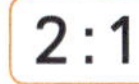

4 : 1

Lösungen

1 | 

2 | 

MASSSTÄBE FINDEN – VERKLEINERN

1| Wie hoch und breit sind die Tiere und Gegenstände in der Wirklichkeit? Miss nach und rechne aus.

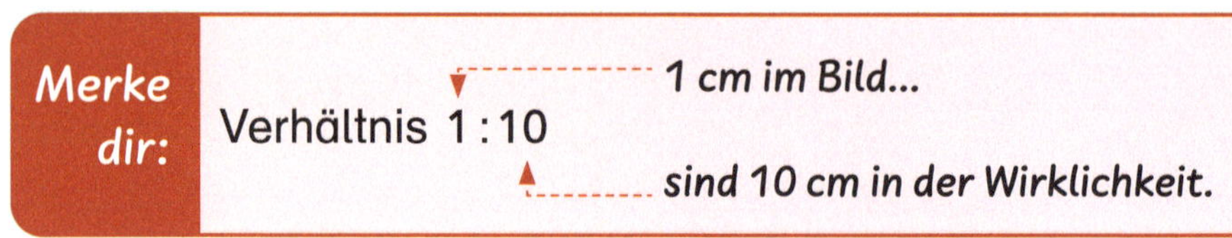

A Verhältnis 1 : 10

B Verhältnis 1 : 100

C Verhältnis 1 : 40

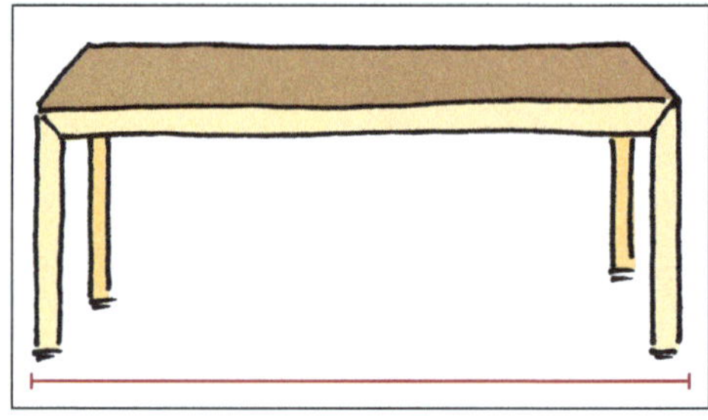

D Verhältnis 1 : 20

	A	B	C	D
Höhe oder Breite im Bild in cm	3			
Höhe oder Breite in der Wirklichkeit in cm	30			

2| Rechne deine Ergebnisse aus Aufgabe 1 in Meter um.

	A	B	C	D
Höhe oder Breite in der Wirklichkeit in m				

Merke dir:

100 cm = 1 m

Verkleinere die Figuren im MASSSTAB 1:2.
Zeichne für 2 Kästchen in der Vorlage hier nur 1 Kästchen.

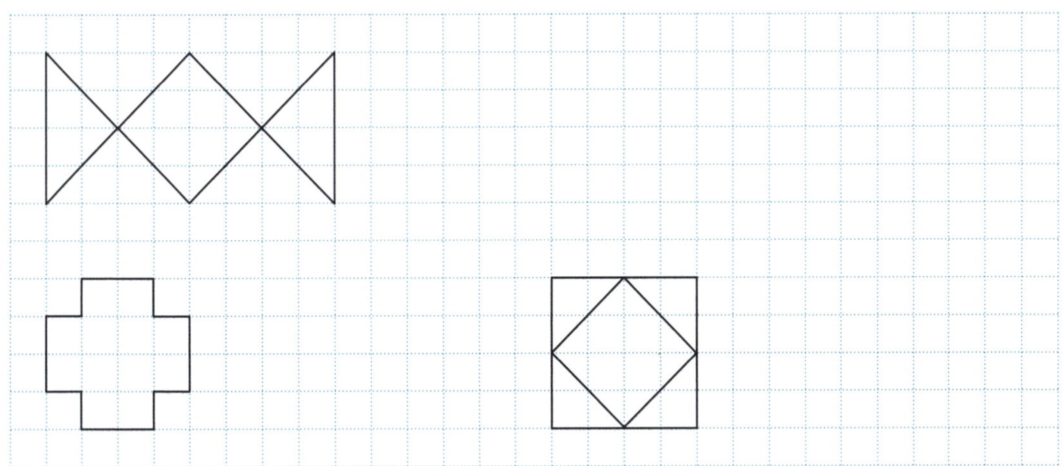

Lösungen

1|

	A	B	C	D
Höhe oder Breite im Bild in cm	3	3	5	6
Höhe oder Breite in der Wirklichkeit in cm	30	300	200	120

2|

	A	B	C	D
Höhe oder Breite in der Wirklichkeit in m	0,3	3	2	1,2

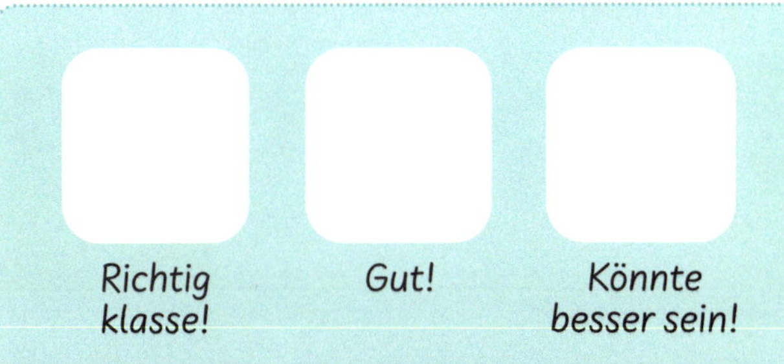

HERZLICHEN GLÜCKWUNSCH!

DU HAST FLEISSIG GEOMETRIE GEÜBT!

Hast du die Sticker eingeklebt?
Dann zähle nach und trage ein.

So oft klebt der Sticker hier:

Richtig klasse!

Gut!

Könnte besser sein!

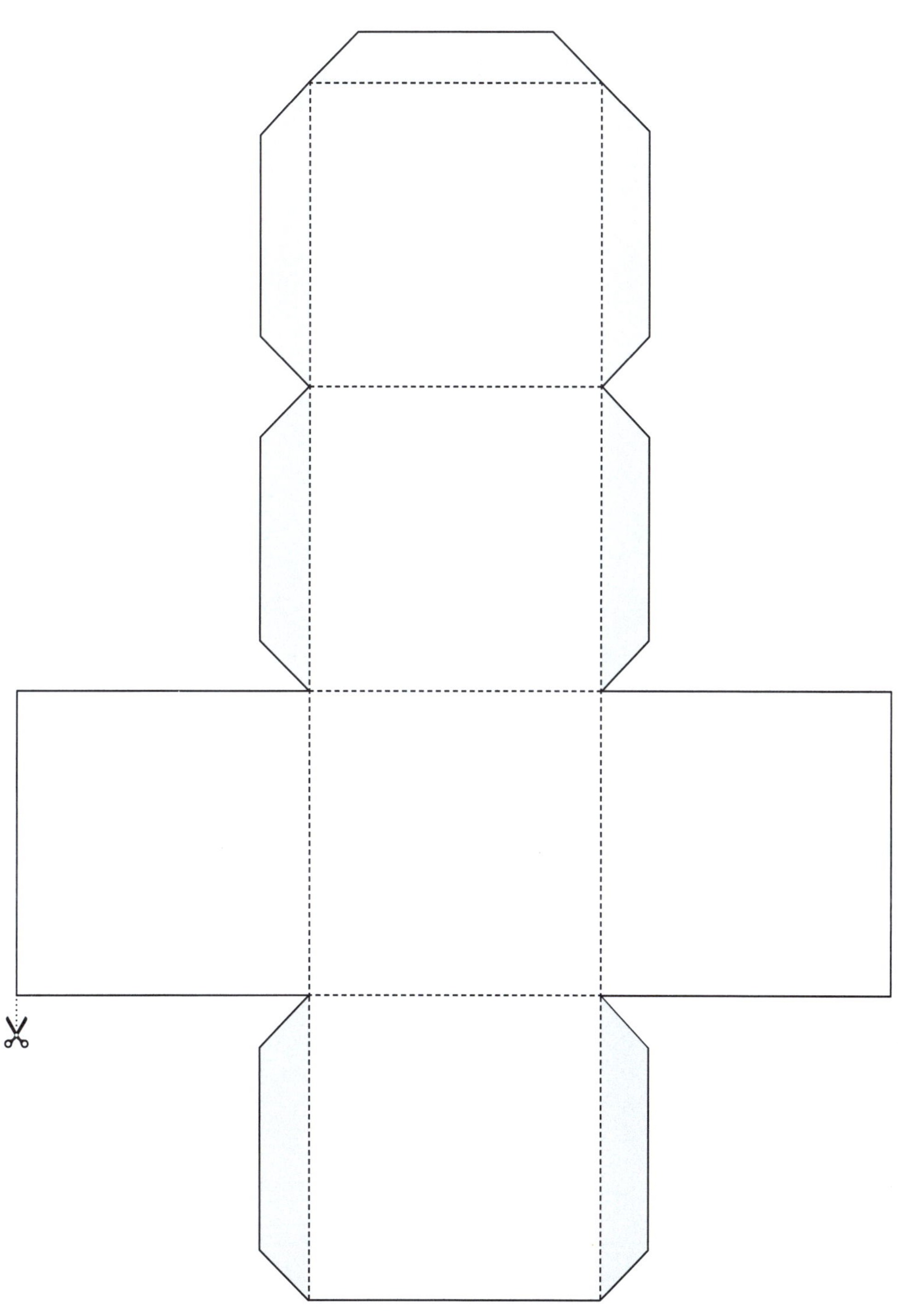

1. Schneide aus.
2. Falte an der gestrichelten Linie.
3. Klebe den Körper mithilfe der grauen Klebeflächen zusammen.

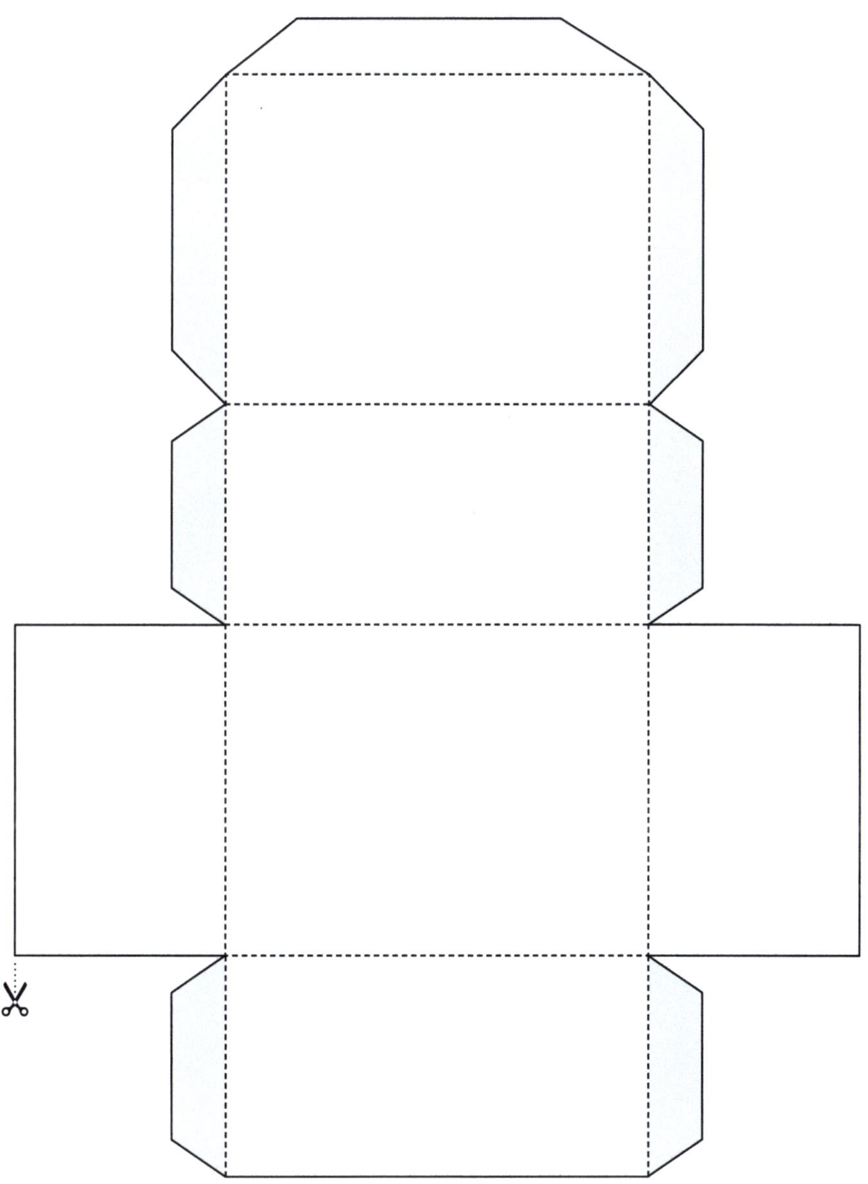

1. Schneide aus.
2. Falte an der gestrichelten Linie.
3. Klebe den Körper mithilfe der grauen Klebeflächen zusammen.

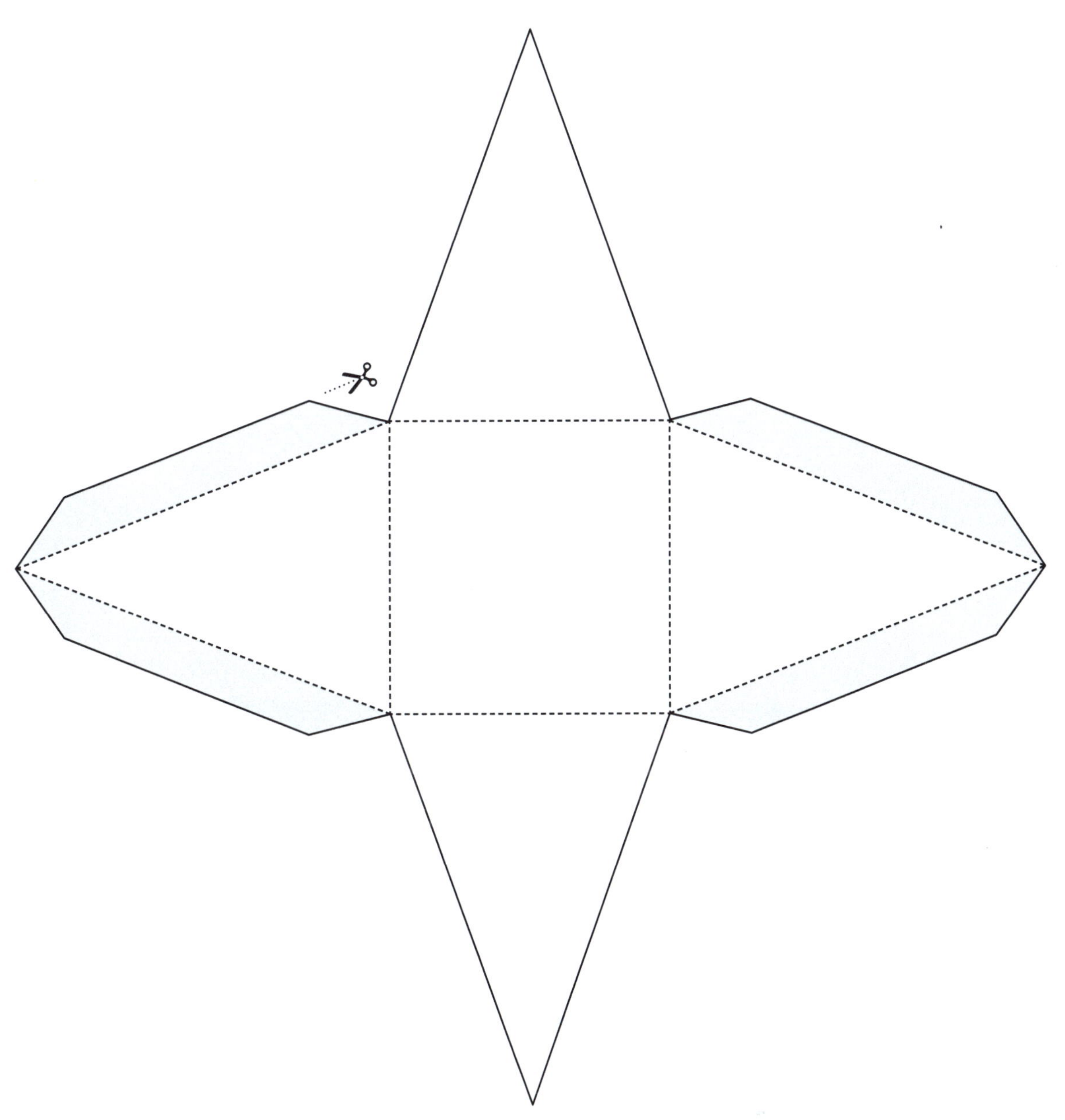

1. Schneide aus.
2. Falte an der gestrichelten Linie.
3. Klebe den Körper mithilfe der grauen Klebeflächen zusammen.

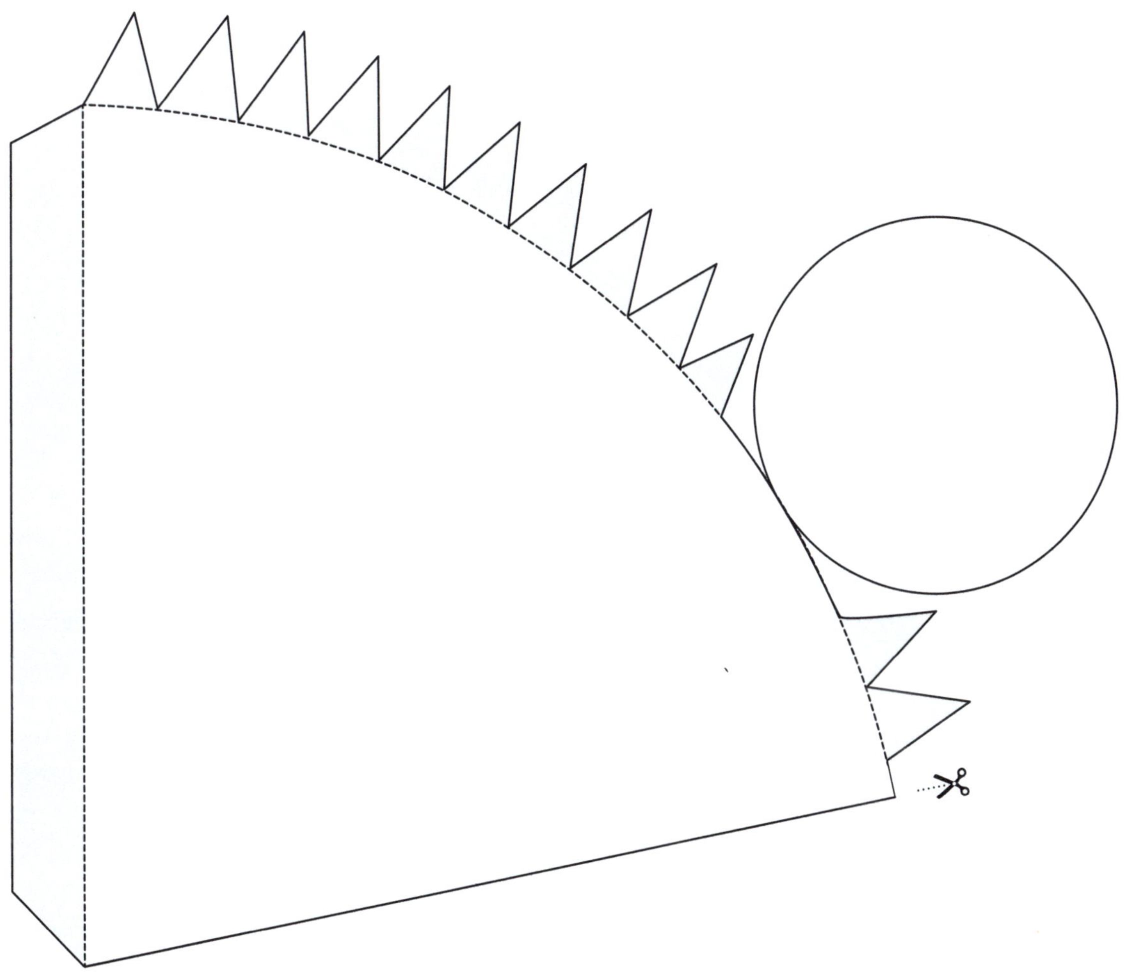

1. Schneide aus.
2. Falte an der gestrichelten Linie.
3. Klebe den Körper mithilfe der grauen Klebeflächen zusammen.

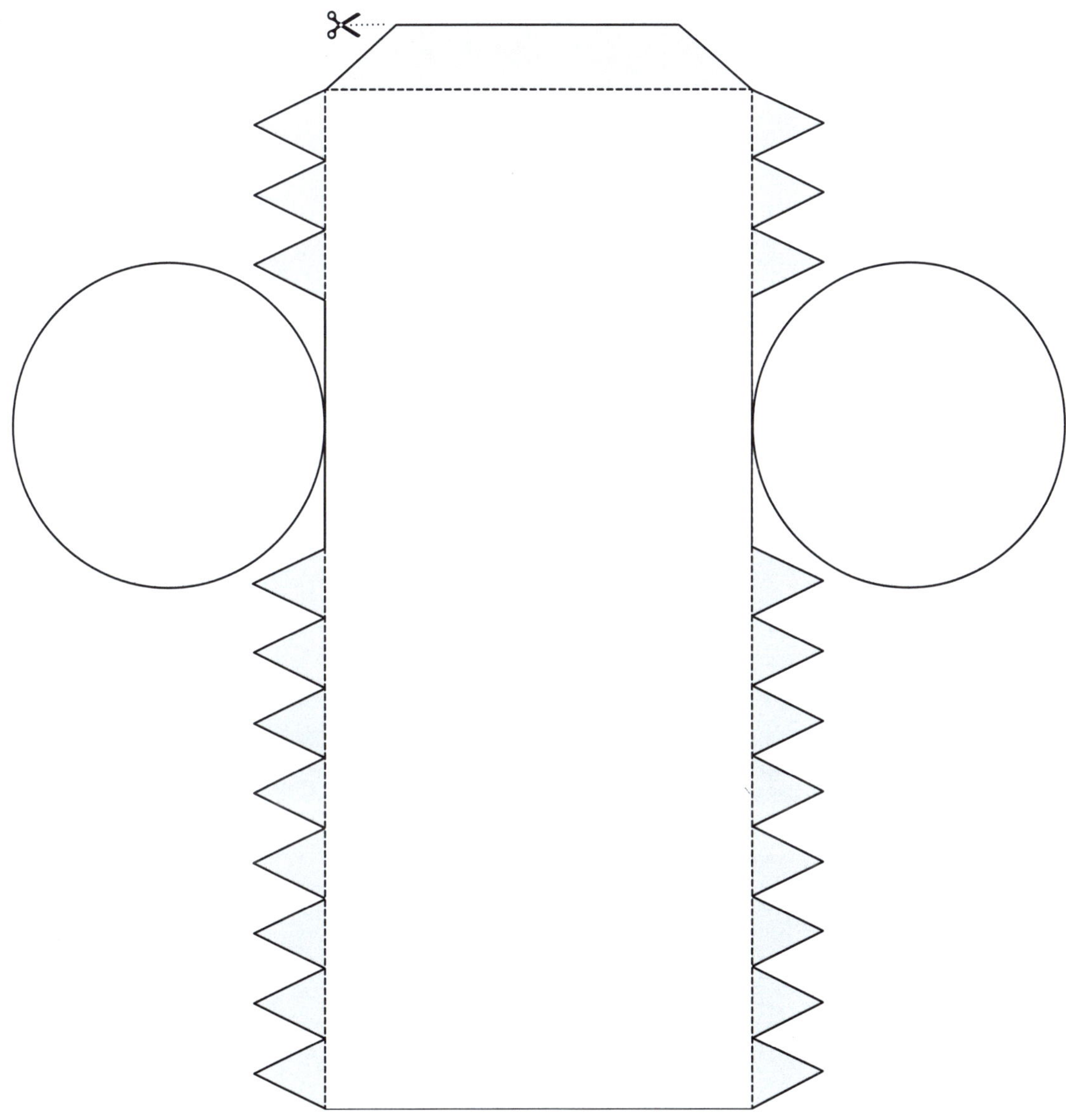

1. Schneide aus.
2. Falte an der gestrichelten Linie.
3. Klebe den Körper mithilfe der grauen Klebeflächen zusammen.